WPublishing

Herausgegeben von WPublishing **"Your The Hague Guide"**

Weltweiter Vertrieb: WPublishing, Amsterdam, Albert Cuypstraat.
E-Mail: wellenspublishing@outlook.com
Chefredaktion: Leo Wellens
Übersetzung: taalwerk.de
Supervision: Leo Wellens
Design & Bildbearbeitung: Wynfrith
Stadtplan: citoplan.nl
Autor: Leo Wellens
Printed by: Gianotten, Tilburg
Herausgeber: Leo Wellens
1. Auflage

ISBN: 978-90-822055-7-2

die Gestaltung des Vondelparks bekannt gewordenen, begnadeten Landschaftsarchitekten Jan David Zocher und dessen Sohn Louis Paul Zocher verwandelten das Gebiet rund um das Schloss in einen kunstvoll angelegten, englischen Landschaftsgarten. Dieser bildet noch immer die Grundlage für die heutige Blumenausstellung.

So gelangen Sie zum Keukenhof

Address: Stationsweg 166a
www.keukenhof.nl/de

Öffentliche Verkehrsmittel

- Nehmen Sie den Bus 854 (Keukenhof Express). Dieser fährt an der dem Stadtzentrum zugewandten Seite des Hauptbahnhofes Leiden ab. Die Entfernung zum Keukenhof beträgt rund 20 Kilometer.
- Ab Den Haag Centraal nehmen Sie Bus 90. Zum Keukenhof fahren Sie rund 30 Kilometer. Sie können auch bis zum Hauptbahnhof Leiden fahren. Dort nehmen Sie den Bus 854 (Keukenhof Express). Dieser fährt an der dem Stadtzentrum zugewandten Seite des Hauptbahnhofes Leiden ab.
- Ab Amsterdam Schiphol Airport fahren Sie mit dem Bus 858 (Keukenhof Express), der am Schiphol Plaza am Ausgang bei Arrivals 4 abfährt (neben dem Starbucks).
- Ab Amsterdam nehmen Sie Bus 197 (Connexxion) zum Flughafen Schiphol. Dort steigen Sie in den Bus 858 (Keukenhof Express) um.

→ Mit dem Fahrrad

Erleben Sie die typisch niederländische Art der Fortbewegung und die typische Landschaft zugleich. An der Rückseite des Bahnhofs von Leiden können Sie Fahrräder mieten.

→ Weitere Informationen erhalten Sie hier:

- VVV Leiden am Stationsweg 26, ganz in der Nähe des Hauptbahnhofes;
- I Amsterdam Visitor Centre am Flughafen Schiphol (Arrivals 2 Schiphol Plaza);
- I Amsterdam Visitor Centre vor dem Hauptbahnhof Amsterdam (Stationsplein 10);
- VVV Den Haag, Spui 68;
- VVV Lisse, Heereweg 219.

Inhalt:

Allgemeine Informationen

Die Städte Den Haag, Delft und Leiden

Um Ihnen bei Ihrer Entdeckungsreise durch Den Haag, Delft und Leiden zu helfen, habe ich die Städte in Routen unterteilt, die Sie einfach zu Fuß oder mit dem Fahrrad zurücklegen können. Ausgehend von der Größe der Städte gibt es drei Routen durch Den Haag sowie jeweils eine durch Delft und Leiden. Diese Routen führen Sie entlang der schönsten Orte und vorbei an den wichtigsten Sehenswürdigkeiten in allen drei Städten. Dabei habe ich Geschichte und Vergnügen miteinander kombiniert. So können Sie jederzeit eine Pause einlegen, um etwas zu essen, zu trinken oder einfach die Umgebung zu genießen. Die Cafés und Restaurants sind alle sorgfältig aufgrund ihres hervorragenden Services und ihres wunderbaren Essens ausgewählt worden. Zu jedem der Spaziergänge gibt es eine Umgebungskarte und Vorschläge dazu, wie Sie Ihren Tag verbringen können. Der Teil über Den Haag beinhaltet auch einen Abschnitt über Scheveningen und unter dem Kapitel über Leiden finden Sie auch einen Abschnitt zum Tulpenpark Keukenhof. Weil beide Orte nicht so groß sind, gibt es keinen gesonderten Spaziergang für diese Ziele. Trotzdem sind beide auf jeden Fall einen Besuch wert.

Den Haag, Delft und Leiden:

1 Den Haag
   - Route 1: Binnenhof, Passage, Chinatown und Haagse Toren;
   - Route 2: Denneweg, Noordeinde und Zeeheldenkwartier;
   - Route 3: Statenkwartier.
2 Delft
3 Leiden

Ich bin mir ganz sicher: Nachdem Sie diese Spaziergänge gemacht haben, wissen Sie genau, warum wir Den Haag, Delft und Leiden so sehr mögen. Die folgenden Symbole werden verwendet, um zu verdeutlichen, ob es um Informationen zu Sehenswürdigkeiten, Einkaufen, Unterhaltung, Essen und Trinken oder allgemeine Informationen geht.

Essen & Trinken - - - - 

Einkaufen - - - - 

Sehenswürdigkeiten - 

Unterhaltung - - - - - - - - - - 

Allgemeine Informationen - - - - - - - 

IJss
NORTH HOLLAND
Henkuize
Alkmaar
Hoorn
Marker
Zaanstad
Haarlem
Zandvoort
Amsterdam
A
Hi
Leiden
UTRECHT
The Hague
Zoetermeer
Utrecht
Z
Delft
Gouda
Rotterdam
SOUTH HOLLAND
Gorinchem
Dordrecht
NORTH B

Allgemeine Informationen über Den Haag, Delft und Leiden

Den Haag (auch 's-Gravenhage) ist mit etwa 510.000 Einwohnern nach Amsterdam und Rotterdam die drittgrößte Stadt der Niederlande und liegt ganz im Westen des Landes, in der Provinz Südholland. Den Haag ist nicht nur Hauptstadt dieser Provinz, sondern auch Parlaments- und Regierungssitz der Niederlande.

Auch wenn die niederländische Regierung ihren Sitz hier hat, ist nicht Den Haag sondern Amsterdam die Hauptstadt des Landes. Auch der niederländische König wohnt und arbeitet in Den Haag.

Den Haag gilt als die internationale Stadt des Friedens und der Gerechtigkeit. Nach New York ist die Stadt der zweitwichtigste Standort der Vereinten Nationen. Insgesamt sind 160 internationale Organisationen in Den Haag beheimatet.

Darüber hinaus finden Sie in Den Haag viele tolle Museen, Bars und Restaurants. Außerdem liegt Scheveningen mit dem beliebtesten Strand der Niederlande gleich um die Ecke.

Auch am Abend kommt keine Langeweile auf, denn es erwartet Sie ein abwechslungsreiches, spannendes Nachtleben.Vor allem an den Plätzen Plein und Grote Markt finden Sie jede Menge Clubs und eine vielseitige Auswahl toller Essmöglichkeiten.

Shoppen können Sie am besten in der Vlamingstraat und in der Spuistraat. Hier warten viele verschiedene Modegeschäfte, Designerläden und individuellere Geschäfte darauf, von Ihnen entdeckt zu werden. Die echten

Spezialgeschäfte, Einzelhändler und gehobeneren Modeboutiquen finden Sie im Hofkwartier.

Besuchen Sie auch die beiden geschichtsträchtigen Städte Leiden und Delft, die sich in unmittelbarer Nähe von Den Haag befinden. Delft ist als Geburtsstadt des Malers Jan Vermeer, für das Delfter Porzellan und das niederländische Königshaus auf der ganzen Welt bekannt. Wenn Sie hier entlang der Kanäle, Kirchen, Herrenhäuser und Innenhöfe schlendern, können Sie die glorreiche Vergangenheit der Stadt aufs Neue erleben.

Mitten im niederländischen Tulpenanbaugebiet, dem „*Bollenstreek*", liegt die pittoreske Stadt Leiden. Hier ist die älteste Universität der Niederlande beheimatet. Leiden hat viele interessante Highlights zu bieten, darunter die berühmten holländischen Windmühlen, Grachten, schöne Kirchen sowie eine Vielzahl von Museen und Kunstgalerien. Von Leiden aus erreichen Sie den Flughafen Schiphol nach 15 Minuten; nach Amsterdam sind Sie 30 Minuten unterwegs.

Die 12 Top-Sehenswürdigkeiten

Friedenspalast Den haag

→ Den Haag

1. Friedenspalast (Vredespaleis)

Der Friedenspalast ist ein Verwaltungsgebäude in Den Haag. Er wird oft als Zentrum des Völkerrechts bezeichnet, denn hier befindet sich der Sitz des Internationalen Gerichtshofs (Hauptrechtsprechungsorgan der Vereinten Nationen), ebenso wie der Sitz des Ständigen Schiedshofes und der Haager Akademie für Völkerrecht.

2. Binnenhof

Seit Jahrhunderten schlägt im Den Haager Binnenhof das politische Herz der Niederlande - und das ist bis heute nicht anders. Mittelpunkt des Gebäudekomplexes ist zweifellos der Rittersaal (Ridderzaal).

3. Mauritshuis

Im Mauritshuis können Sie einige der schönsten Gemälde des niederländischen Goldenen Zeitalters bewundern. Die kompakte und dennoch weltberühmte Sammlung befindet sich im Herzen der Stadt, nicht weit entfernt vom Hauptbahnhof.

4. Paleis Noordeinde

Der Palast Noordeinde ist der Arbeitsplatz von König Willem-Alexander. Der Palast ist Eigentum des niederländischen Staates und wurde dem Staatsoberhaupt einst per Parlamentsbeschluss zur Verfügung gestellt. Zur Palastanlage gehören auch die königlichen Stallungen. Im Palastgarten befinden sich die königlichen Archive, die zum Besitz der Stiftung Historische Sammlungen des Hauses Oranien-Nassau gehören.

5. Scheveningen
Die 11 Kilometer langen Strände in der direkten Nachbarschaft von Den Haag sind auf jeden Fall einen Besuch wert. Hier sind Wassersportarten wie Surfen oder Kiten sehr beliebt. Neben seinem Strand hat Scheveningen viele Ausgeh- und Unterhaltungsmöglichkeiten zu bieten, darunter Kasinos, Theater, eine Einkaufspromenade, Sportevents, zahlreiche Restaurants, Bars und Strandpavillons.

6. Passage
Das im Jahre 1885 eröffnete Einkaufszentrum Passage gehört zum UNESCO-Welterbe und steht auch unter nationalem Denkmalschutz. Das älteste Einkaufszentrum der Niederlande vereint schöne Architektur mit einer Reihe wirklich guter Geschäfte. Es gibt hier Mode-, Schmuck- und Buchläden sowie ein großartiges Geschäft mit Küchenzubehör. Die Passage befindet sich zwischen den Straßen Spuistraat, Hofweg und Buitenhof.

→ Leiden

7. De Burcht
De Burcht (Burg) in Leiden ist eine der ältesten erhaltenen Burgen der Niederlande. Diese Burg, die um das Jahr 1150 errichtet wurde, ist älter als Leiden selbst.

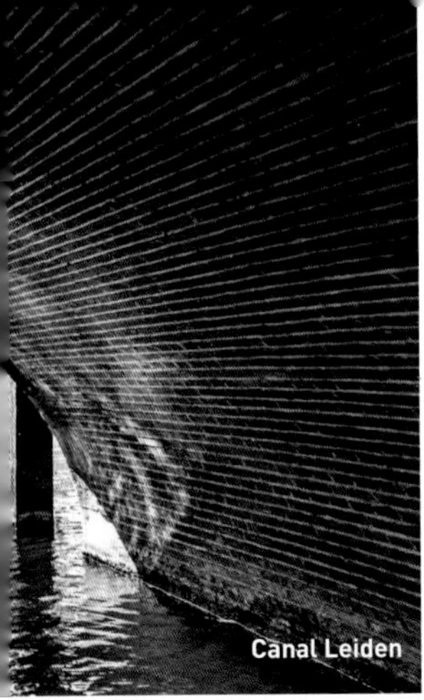
Canal Leiden

8. Stedelijk Museum Lakenhal
Die im Herzen von Leiden gelegene Lakenhal ist ein sehr interessantes Museum, das eine Reihe großartiger Kunstwerke ausstellt. Hier können Sie die Werke zahlreicher niederländischer Meister bewundern. Unabhängig von den Ausstellungen ist auch das Gebäude selbst sehr beeindruckend. Ursprünglich diente es als Gewandhaus für die Tuchhändler der Stadt. Von Mitte 2016 bis Mitte 2018 ist das Museum De Lakenhal wegen Renovierung und Erweiterung geschlossen.

9. Die Aussichtspunkte von Leiden
In Leiden gibt es einige der besten Aussichtspunkte auf die Umgebung. Wasserstraßen, Kirchen, Brücken und sogar eine Windmühle warten auf Sie. Und weil die Stadt weniger überlaufen ist als Amsterdam, ist es fast unmöglich, ohne ein paar gute Fotos nach Hause zu kommen.

→ Delft

10. Nieuwe Kerk
Die Nieuwe Kerk (Neue Kirche) ist eine protestantische Kirche. Sie liegt am Markt in Delft, dem Rathaus gegenüber. Die Nieuwe Kerk ist ein sehr geschichtsträchtiges Gebäude.

11. Museum Het Prinsenhof
Das Museum Het Prinsenhof war früher ein Kloster. Von hier aus aus kämpfte im 16. Jahrhundert einst Wilhelm von Oranien erfolgreich gegen die spanische Besetzung. Im Prinsenhof in Delft ereignete sich einer der wichtigsten Vorfälle der niederländischen Geschichte: die Ermordung Wilhelm von Oraniens durch Balthasar Gerards im Jahre 1584.

12. Vermeer Centrum Delft
Bei Liebhabern von Kunstgeschichte und alten Meisten gilt die Stadt Delft als das Vermeerzentrum schlechthin. Hier wurde der berühmte Maler geboren, hier lebte und arbeitete er.
Entdecken Sie Vermeers gesamtes Oeuvre in maßstabsgetreuen Abbildungen und besuchen Sie sein original nachgebautes Atelier. Dort können Sie nachvollziehen, wie der Künstler Licht und Farbe in seinen Gemälden einsetzte.

Das Delfter Rathaus

HOLLANDIA

Flughafen Amsterdam Schiphol/ Flughafen Rotterdam - Den Haag

Der 10 km südwestlich von Amsterdam gelegene Flughafen Schiphol ist der größte internationale Flughafen in den Niederlanden. Nach London Heathrow, Paris Charles de Gaulle, dem Frankfurter Flughafen und Madrid Barajas ist Schiphol der fünftgrößte Flughafen Europas. Für viele internationale Fluggesellschaften ist er das Eingangstor nach Europa. Sein Duty-Free-Einkaufsbereich gilt als einer der besten weltweit. Amsterdam Schiphol glänzt mit fantastischen Lounges, einem eigenen Kunstmuseum, gemütlichen Cocktailbars und unzähligen Restaurants. Es gibt Tulpen zu kaufen und Sie können hier Schokolade und Käse aus Holland probieren. Wenn Sie nach Delft, Den Haag und Leiden möchten, können Sie auch über den Flughafen Rotterdam/Den Haag anreisen. Dieser Flughafen ist viel kleiner als Schiphol. Die Einrichtungen dort umfassen eine Flughafenlounge, eine ausgedehnte Auswahl an Duty-Free-Produkten, eine Buffetbar mit Selbstbedienung im Abflugbereich, ein Imbisslokal in der öffentlichen Halle, eine Espressobar, eine weitere Bar mit Außenterrasse sowie eine Reihe von Reisebüros innerhalb des Terminals.

→ Vom Flughafen nach Den Haag

In der Haupthalle des Flughafengebäudes von Schiphol finden Sie Treppen, die hinunter zu den Bahnsteigen der Züge führen. Diese fahren häufig - tagsüber etwa alle 10 Minuten. Dies ist das preisgünstigste Verkehrsmittel nach Den Haag. Weitere Informationen darüber, wie Sie ab Flughafen Schiphol und ab Flughafen Rotterdam/Den Haag weiter reisen, finden Sie auf Seite 21.

→ Touristeninformation Flughafen:

- **Flughafen Schiphol:** Ankunftshalle 2, I Amsterdam Visitor Center (7-22 Uhr) und Ako Buchhandlung (6-22 Uhr).
- **Flughafen Rotterdam/Den Haag**: in der öffentlichen Halle finden Sie den Infoschalter des Flughafens sowie eine Ako Buchhandlung. Dort können Sie Reiseführer und Karten/Stadtpläne kaufen.
- **Touristeninformation Rotterdam The Hague Airport**: Rotterdam Airportplein 60, Öffnungszeiten: Mo-So 7.45-23.45 Uhr.

→ Touristeninformation – Den Haag, Leiden und Delft

Informieren Sie sich gut über Ihre Möglichkeiten in und rund um Den Haag, Leiden und Delft! Die Büros der offiziellen Touristeninformation (VVV) in Den Haag, Leiden und Delft können Sie telefonisch oder per E-Mail kontaktieren – oder einfach selbst dort vorbeischauen. Von den hilfsbereiten Mitarbeitern bekom- men Sie hier kostenlos sehr gute Informationen.

- **Touristeninformation Den Haag**, Spui 68, Öffnungszeiten: Mo 12-20 Uhr, Di-Fr 10-20 Uhr und Sa-So 10-17 Uhr. Weitere Infos finden Sie unter www.denhaag.com.
- **Touristeninformation City Mondial**, Wagenstraat 193, Öffnungszeiten: Di-Fr 9.30-15 Uhr und Sa 10-15 Uhr.

- **Touristeninformation Scheveningen**: Ako Buchhandlung, Gevers Deynootweg 990-58, Öffnungszeiten: So-Fr 9-19 und Sa 9-20, www.denhaag.com.
- **Touristeninformation Leiden**, Stationsweg 41, Öffnungszeiten: Mo-Fr 7-19 Uhr, Sa 10-16 Uhr und So 11-15 Uhr, oder besuchen Sie die Website www.visitleiden.nl.
- **Touristeninformation Delft**, Kerkstraat 3, Öffnungszeiten: Di-Sa 10-17 Uhr und So-Mo 10-16 Uhr, oder besuchen Sie die Website www.delft.nl.

→ Gepäckaufbewahrung Schiphol

Gepäckaufbewahrungen und Schließfächer finden sich im gesamten Terminalbereich: Bei Lounge 1, 2 und 3, bei der Lounge auf Flugsteig D, in Ankunftshalle 3 und im Untergeschoss zwischen Ankunftshalle 1 und 2. Die Gebühren für die Aufbewahrung können Sie mit EC- oder Kreditkarte bezahlen. Gepäckstücke können für maximal einen Monat im Gepäckdepot aufbewahrt werden. Sie finden das Depot im Untergeschoss zwischen Ankunftshalle 1 und 2. Es ist täglich von 7:00 bis 22:45 Uhr geöffnet. Außerhalb der Öffnungszeiten können Sie über die Gegensprechanlage um Unterstützung bitten. Beide Arten der Gepäckaufbewahrung kosten € 6 pro 24 Stunden. Weitere Informationen erhalten Sie unter +31 (0) 20 601 24 43.

Flughafen Rotterdam/Den Haag: In der öffentlichen Halle finden Sie Schließfächer für Ihr Gepäck. Es sind auch Gepäckwagen vorhanden.

→ Öffentliche Telefone

Überall am Flughafen Amsterdam Schiphol finden Sie öffentliche Telefone. Diese funktionieren mit Münzen, Telefonkarten oder Kreditkarten. Die genauen Standorte erfahren Sie bei den Informationsstellen im Terminal.

Flughafen Rotterdam/Den Haag: Öffentliche Telefone befinden sich vor dem Sicherheitsbereich.

→ Info-Points

Sie haben Fragen zum Flughafen Schiphol? Wenden Sie sich an die Servicepoints im Ankunfts- und Abflugbereich. Dort stehen Mitarbeiter des Flughafens bereit, um Ihre Fragen zu beantworten. Weitere Reiseinformationen erhalten Sie unter: www.schiphol.nl/Willkommen1.htm

Flughafen Rotterdam/Den Haag: wenden Sie sich an den Informationsschalter in der Haupthalle.

→ Medizinischer Service am Flughafen Schiphol

In der Apotheke können Sie die Medikamente abholen, die Ihnen in der Erste-Hilfe-Station Schiphol verschrieben wurden. Wenn Sie notwendige Medikamente zu Hause vergessen haben, können Sie auch diese in der Apotheke bekommen. **Adresse**: Abflughalle 2, oberhalb des Check-in-Schalters 16,

Öffnungszeiten Schiphol Centrum: Mo - So 8:30 bis 16:30 Uhr. Telefon +31 (0) 20 648 14 50.

→ Fundbüros am Flughafen

Flughafen Schiphol: Wenden Sie sich bezüglich Fundsachen und verlorener Gegenstände, einschließlich Gepäck, an die Informationsschalter bei den Lounges oder in den Abflugs- und Ankunftshallen. Fundsachen werden einen Tag lang am Informationsschalter aufbewahrt. Wenn Sie Ihre Suche zu einem späteren Zeitpunkt beginnen, sollten Sie daher die folgende Nummer anrufen: +31 (0) 900-0141, (0,40 € / Min.). Wenn Sie aus dem Ausland anrufen, wählen Sie bitte +31 (0) 20 794 08 00. Die allgemeine Informationsnummer für das Fundbüro am Flughafen Schiphol lautet +31 (0) 20 601 2325. Gefundene Gegenstände können Sie zwischen 7 und 18 Uhr abholen. Das Büro ist an 7 Tagen in der Woche ausschließlich nach vorheriger Absprache geöffnet. Gefundene Gegenstände können nach Absprache mit den verantwortlichen Stellen auch per Post zugestellt werden

Flughafen Rotterdam/Den Haag: Für Fundsachen und verlorene Gegenstände ist der Infoschalter zuständig (Tel: +31 10 446 3444).

→ Service Point Schiphol Plaza/ McFlek

Dies ist der beste Ort, um Post innerhalb der Niederlande und ins Ausland aufzugeben und Schuhe reparieren zu lassen. Auch eine chemische Reinigung, Telefonkarten und Reisebedarf stehen Ihnen hier zur Verfügung. **Adresse**: Ankunftshalle 4, Öffnungszeiten: Der Service Point Schiphol Plaza / McFlek ist 7 Tage die Woche von 7 bis 22 Uhr geöffnet, www.mcflek.com, +31 (0) 20 206 58 90.

→ Der beste Geldwechselservice am Flughafen

Alle Banken bieten einen Geldwechselservice. Am besten gehen Sie jedoch zu GWK Travelex oder zur ABN Amro Bank (Anmerkung: in den meisten Ländern ist das Unternehmen unter dem Namen Travelex bekannt. In den Niederlanden heißt es GWK Travelex. GWK steht für Grens Wissel Kantoor, was wörtlich übersetzt „Grenzwechselstelle" bedeutet).

Adresse: Arrival 23, Halle 3 / GWK

Adresse: Arrival 1 und 2 / ABN Amro Bank

Rotterdam The Hague Airport: Innerhalb des Terminalbereichs sind Geldautomaten vorhanden. Außerdem gibt es eine GWK-Stelle.

Schiphol

Vom Flughafen Schiphol und vom Flughafen Rotterdam Den Haag

nach Den Haag, Leiden und Delft

Der Hauptbahnhof Den Haag Centraal liegt in 30 Minuten Entfernung von Schiphol und in 45 Minuten Entfernung vom Flughafen Rotterdam/ Den Haag. Von Den Haag Centraal gelangen Sie bequem zu Fuß in die Innenstadt.

Vom Flughafen Schiphol fährt ein **direkter Zug** nach Den Haag. Mit diesem erreichen Sie die Stadt am schnellsten und bequemsten. Den Haag hat 2 Fernverkehrsbahnhöfe. Internationale Züge verkehren am Bahnhof Den Haag Hollands Spoor (HS), Regionalverbindungen (unter anderem auch von Schiphol) führen nach Den Haag Centraal. Die Züge fahren alle 10 Minuten von den Gleisen 5 und 6 am Bahnhof im Ankunftsbereich des Flughafens Schiphol ab. Eine einfache Fahrt kostet nur € 8,30. Das Ticket für Hin- und Rückfahrt kostet € 16,60. Sie sollten Münzgeld bei sich haben, damit Sie die Tickets am Automaten kaufen können. So vermeiden Sie die langen Schlangen und den Aufpreis in Höhe von € 0,50 am Schalter. Wenn Sie ohne gültige Fahrkarte in den Zug steigen, riskieren Sie ein Bußgeld von € 35, zuzüglich zum regulären Fahrpreis. Eine Zugfahrt vom Flughafen Schiphol nach Leiden dauert 16 Minuten und kostet pro Strecke € 5,80. Auch die Züge nach Delft fahren an den Gleisen 5 und 6 ab und für die einfache Strecke zahlen Sie hier €9,80.
Sie können auch vom Hauptbahnhof Amsterdam mit dem Zug nach Den Haag fahren (Gleise 4 und 14). Karten für eine einfache Fahrt kosten € 11,50 und für Hin- und Rückfahrt entsprechend € 23,00. Im Zug steht Ihnen kostenfreies WLAN zur Verfügung.
Vom Flughafen Rotterdam/Den Haag kommen Sie mit dem Airport Shuttle (Bus 50) zum U-Bahnhof Meijersplein und von dort weiter mit Randstadrail nach Den Haag Centraal. Eine OV-Chipkarte (elektronische Fahrkarte) können Sie im Ako-Shop am Flughafen Rotterdam kaufen. Die Verkehrsgesellschaft RET deckt den öffentlichen Nahverkehr zwischen Rotterdam und dem Hauptbahnhof Rotterdam gut ab. Tagsüber können Sie die Linie 33 nehmen. Die Fahrzeit zwischen Flughafen und Hauptbahnhof Rotterdam beträgt rund 30 Minuten. Vom Hauptbahnhof Rotterdam bestehen Zugverbindungen nach Delft, Leiden und Den Haag Hollands Spoor.

Mietwagen Am Flughafen Schiphol gibt es verschiedene qualitativ hochwertige und erfahrene Autovermieter. Diese finden Sie im zentralen Bereich, der als Schiphol Plaza bezeichnet wird und der sich dort befindet, wo die Ankunfts- und Abflughallen aufeinander treffen.

Nützliche Informationen

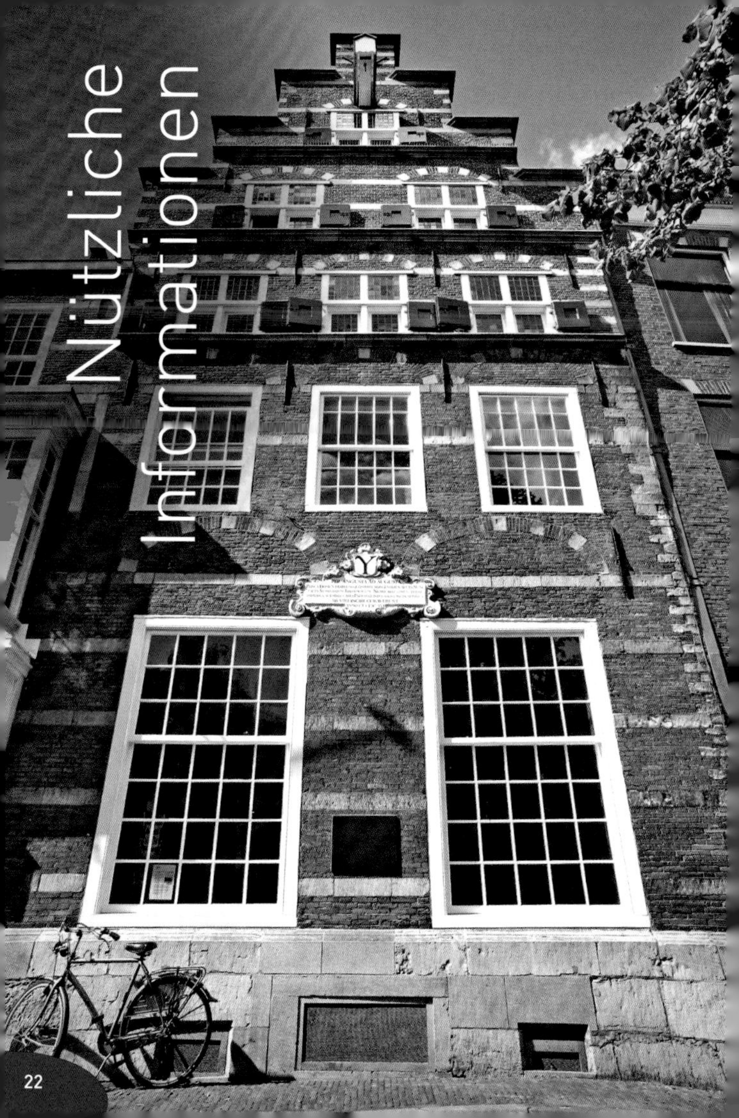

→ Sicherheit

In der Umgebung der Bahnhöfe ist besonders spät nachts Vorsicht geboten. Nehmen Sie sich auch vor Taschendieben und Betrügern in acht. Bei sämtlichen Notfällen wählen Sie die Nummer 112. Dies ist in den Niederlanden die allgemeine Nummer für Ambulanz, Polizei und Feuerwehr. Sollten Sie bestohlen werden, suchen Sie die nächstgelegene Polizeiwache auf (Seite 27). Dort können Sie Anzeige erstatten und Sie erhalten Hilfe bei der Sperrung Ihrer Geldkarten sowie eine Liste mit nützlichen Telefonnummern. In allen weiteren Diebstahlsfällen ohne Dringlichkeit können Sie die die Nummer +31 (0)900 8844 anrufen.

→ Öffentliche Toiletten

Überall in den Stadtzentren finden Sie öffentliche WCs. Damen sollten lieber ein Café oder eines der großen Warenhäuser aufsuchen, um zur Toilette zu gehen, da es sich bei den öffentlichen Toiletten meist um Urinale handelt. In den Kaufhäusern sind öffentliche Toiletten vorhanden und im Lobbybereich der meisten Hotels finden Sie ebenfalls WCs. In diesen Toiletten gibt es üblicherweise einen vom Reinigungspersonal genutzten Bereich, wo Sie eine kleine Gebühr von € 0,10 bis € 0,50 hinterlegen.

→ Niederländische Steckdosen und Adapter

In den Niederlanden sind Steckdosen mit 220-240 Volt Wechselstrom (50 Hz) in Gebrauch, in die die üblichen Eurostecker mit zwei runden Kontaktstiften passen. Wenn Sie aus der Schweiz anreisen, sollten Sie für Ihre Geräte mit Schweizer Stecker einen entsprechenden Adapter mitbringen. Die gängigen Steckdosen in den Niederlanden gehören zum Typ C.

→ Kommunikation ins Ausland

Mobiltelefon: Um zu Hause anzurufen, können Sie Ihr Mobiltelefon nutzen, sofern Ihr Gerät für Auslandsgespräche freigeschaltet ist und Ihr Anbieter ein Abkommen mit einem der vier Mobilnetzwerkbetreiber in den Niederlanden vereinbart hat. Prepaid-Handys erhalten Sie ab € 35. Sie können auch eine niederländische SIM-Karte für Ihr Handy kaufen. Diese kostet rund € 7. Entsprechende Telefonläden finden Sie in den Stadtzentren. SIM-Karten bekommen Sie auch im Service Point Schiphol/McFlek (Arrivals 4).

Anrufe: Gehen Sie in einen der Telefonläden, die sich überall in jeder der Städte befinden, um einen Anruf zu tätigen. Darüber hinaus gibt es zahlreiche Telefonzellen, die in der Regel mit einer Karte funktionieren. Während die meisten Telefonzellen sowohl mit Münzen als auch mit Karten funktionieren, akzeptieren die grünen KPN-Zellen nur Karten.

Ländervorwahl: Um von den Niederlanden ins Ausland telefonieren zu können, müssen Sie 00 vor dem Ländercode wählen. Für Anrufe aus dem Ausland in die Niederlande wählen Sie vor der Telefonnummer 0031 (für die Niederlande) und dann eine 70 (für Den Haag), eine 71 (für Leiden) oder eine 15 (für Delft). Gebüh-

renfrei: 0800-Nummern, Handy-Vorwahl: 06.

Internet: In den meisten Hotels steht Ihnen als Gast kostenfreies WLAN zur Verfügung. Dies sollten Sie im Vorfeld mit dem Hotel abklären, da einige Hotels eine Gebühr erheben und manche der preisgünstigen Hotels nicht über WLAN verfügen. In immer mehr Cafés und Fastfood-Restaurants können Sie mit Ihrem Laptop den drahtlosen Internetzugang nutzen. Denken Sie jedoch daran, vorher zu fragen, ob dafür eine Gebühr verlangt wird. Reine Internetcafés sind mittlerweile nur noch schwer zu finden.

→ Wasser

Das Trinkwasser in den Niederlanden hat eine gute Qualität. Es wird behauptet, das niederländische Kranwasser sei mindestens genauso gut und lecker, wie Mineralwasser aus Flaschen.

→ Reisen mit Behinderung

Die meisten öffentlichen Gebäude sind für Rollstuhlfahrer zugänglich. Für Fahrten durch die Stadt können Sie spezielle Rollstuhltaxis bestellen. Flughäfen, Bahnhöfe, Museen, verschiedene touristische Sehenswürdigkeiten und einige Boote verfügen über Sondereinrichtungen für Rollstuhlfahrer. Die Straßenbahnlinie 19 und die Buslinie 28 in Den Haag sind ebenso rollstuhlgängig wie die Züge von Randstadrail. Sollten Sie dennoch an einen der wenigen Orte kommen, die nicht barrierefrei sind, können Sie jemanden in Ihrer Nähe um Hilfe zu bitten. Die Niederländer sind sehr hilfsbereit und kümmern sich darum, dass Sie sicher an Ihr Ziel gelangen.

→ Post verschicken

In den Stadtzentren von Den Haag, Leiden und Delft gibt es verschiedene Poststellen. Außer dem Post- und Paketservice finden Sie hier Briefmarken, Ansichtskarten, Landkarten, Faxgeräte zur Selbstbedienung und Nachschlagewerke. In der Regel sind Poststellen von Montag bis Freitag von 9 bis 17 Uhr geöffnet. Die größeren sind auch samstags von 9 bis 12:00/12:30 Uhr offen. Um Post aus den Niederlanden zu verschicken, müssen Sie die entsprechenden Briefmarken erwerben. Diese erhalten Sie an den meisten Zeitungsständen, Kiosken, in Tabakwarenläden, Touristeninformationen und Albert-Heijn-Supermärkten. Wenn Ihre Postsendung gewogen werden soll, müssen Sie zu einer Poststelle gehen. Ansonsten können Sie die Briefkästen in der Stadt nutzen. Wenn Sie Post ins Ausland verschicken, achten Sie darauf, diese in die Öffnung zu stecken, die mit „overige bestemmingen" gekennzeichnet ist.

→ Geldwechsel

Filialen von GWK Travelex finden Sie an den Bahnhöfen Den Haag Centraal, Den Haag Hollands Spoor, Delft und Leiden. Die Öffnungszeiten können Sie unter www.gwktravelex.nl nachsehen.

→ Darauf sollten Sie achten

Geldautomaten: Geldautomaten finden Sie überall. Diejenigen, die sich innerhalb der Bank befinden, sind am sichersten. Oft bilden sich Schlangen vor Geldautomaten und am Wochenende kann schon mal das Bargeld ausgehen.

Kreditkarten: Die meisten Hotels, Bars, Restaurants und Geschäfte akzeptieren Kreditkarten, aber noch lange nicht alle. Manche Einrichtungen akzeptieren lediglich EC-Karten mit einem Sicherheitschip.

Seien Sie aufmerksam: Achten Sie auf Ihre Umgebung. Behalten Sie Personen, von denen Sie beobachtet werden, im Auge.

→ Pässe, Visa und Personalausweis:

- Touristen aus fast 60 Ländern, darunter Australien, Kanada, Israel, Südkorea, Singapur, den USA und den meisten Ländern Europas, benötigen lediglich einen gültigen Reisepass, um sich für bis zu 3 Monate in den Niederlanden aufhalten zu dürfen.
- Für EU-Bürger gilt: Sie müssen für einen Aufenthalt von bis zu 3 Monaten lediglich ihren Personalausweis mit sich führen.
- Staatsangehörige der meisten Länder benötigen ein Schengen-Visum, das innerhalb der EU-Mitgliedstaaten für 90 Tage und über einen Zeitraum von bis zu 6 Monaten gültig ist. Dieses Visum gilt nicht in Großbritannien und Irland. Das niederländische Außenministerium im Netz: www.minbuza.nl/en

→ Reiseversicherung

Vor Reiseantritt sollten Sie möglichst eine angemessene persönliche Reiseversicherung abschließen, die Kosten für medizinische Behandlungen, Verlust von Gegenständen, Diebstahl, Rückführung, persönliche Haftung und Stornierungsgebühren deckt.
Die meisten Banken sind von Dienstag bis Freitag zwischen 9 und 16 Uhr geöffnet. Montags öffnen sie oft erst um 13 Uhr. Immer mehr Banken sind auch am Samstag offen. Sonntags sind Banken geschlossen.
Sprachliche Verständigung: Landessprache ist Niederländisch. Englisch wird von fast allen gut gesprochen; viele verstehen zudem Deutsch und etwas seltener auch Französisch.
Währung: Euro. Beachten Sie bei Bedarf die Wechselkurse, denn sie ändern sich täglich.
Apotheken: Diese sind von Montag bis Freitag zwischen 08/09 Uhr und 17:30/18:00 Uhr geöffnet. Nachts und am Wochenende gilt für Apotheken ein Notfalldienstplan im Rotationsverfahren.

Restaurants: mittags 11:30 -14:30 Uhr, abends 18:00-22:30 Uhr.

Die Neue Kirche/ Delft

Sommer- und Winterzeit: In den Niederlanden gilt die Mitteleuropäische Zeit (MEZ). Am letzten Sonntagmorgen im März wird die Zeit um 2:59 Uhr auf die Mitteleuropäische Sommerzeit umgestellt. Denken Sie daran, Ihre Uhr eine Stunde nach vorne zu verstellen! Am letzten Sonntagmorgen im Oktober wird die Zeit auf die mitteleuropäische Winterzeit einen Stunde zurückgestellt.

→ Notaufnahmen und Krankenhäuser mit rund um die Uhr geöffneten Notfalleinrichtungen:

Medisch Centrum Haaglanden (Den Haag) +31(0)70 330 20 00, www.mchaaglanden.nl, Lijnbaan 32. Dieses Krankenhaus liegt am nächsten am Zentrum.
Bronovo (The Hague) +31(0)70 312 41 41, www.bronovo.nl, Bronovolaan 5
Haga Ziekenhuis (Den Haag) +31(0) 70 210 00 00, www.hagaziekenhuis.nl, Leyweg 275 und Spoorlaan 600
Reinier de Graaf Ziekenhuis (Delft) +31 (0) 15 260 3060, www.reinierdegraaf.nl, Reinier de Graafweg 5
Leids Universitair Medisch Centrum (Leiden) +31 (0) 71 526 9111, www.lumc.nl, Albinusdreef 2

→ Gut zu wissen

Trinkgeld: Die Bedienung ist immer in der Rechnung für Bars, Restaurants und Hotels enthalten. Dennoch ist ein Trinkgeld zwischen 5 und 10 Prozent üblich.
Geschäftszeiten: Die Läden sind in der Regel montags bis freitags von 10 bis 18 Uhr und am Samstag von 10 bis 17 Uhr geöffnet. Am Donnerstagabend gelten verlängerte Öffnungszeiten bis 21 Uhr. Kaufhäuser und viele der größeren Geschäfte in der Innenstadt sind auch am Sonntag von 12 bis 17 Uhr geöffnet. Lebensmittelgeschäfte sind in aller Regel täglich offen; die meisten von ihnen bis 20 Uhr, einige sogar noch länger.
Polizei: Die Hauptwache der Polizei in Den Haag befindet sich an der Burgemeester Patijnlaan 35. Weitere Polizeiwachen gibt es an der Jan Hendrikkade 85 und an der Hoefkade 350 sowie an der Nieuwe Parklaan 250 in Scheveningen (Den Haag). In Leiden finden Sie eine Polizeiwache an der Kooilaan 96. In Delft befindet sich diese an der Jacoba van Beierenlaan 1. Es sind Streifenpolizisten mit dem Auto oder zu Fuß unterwegs. Die Polizeibeamten tragen eine blaue Uniform und Schusswaffen. Sie können die Beamten auch ansprechen, wenn Sie eine allgemeine Frage haben oder sich nach dem Weg erkundigen möchten.

Rauchen: Bis vor kurzem war das Rauchen in den Niederlanden sehr verbreitet. Seit dem 1. Juli 2008 gelten die gesetzlichen Einschränkungen für das Rauchen in der Öffentlichkeit auch in Restaurants und Hotels. Damit wurden die Bestimmungen an die der meisten EU-Länder angeglichen. Dies geschah zum Teil aufgrund einer großangelegten Kampagne der Regierung, die auf die gesundheitsschädlichen Auswirkungen des Rauchens aufmerksam machen sollte.

Öffentliche Verkehrsmittel

Straßenbahn (HTM)

Öffentliche Verkehrsmittel

Die öffentlichen Verkehrsmittel des HTM bieten eine ideale Möglichkeit, Den Haag und die zahlreichen Sehenswürdigkeiten der Stadt zu entdecken. Es gibt 12 Straßenbahnlinien und etwa 16 Buslinien.

→ HTM Tickets & Infos

Wenn Sie sich über die öffentlichen Verkehrsverbindungen in und rund um Den Haag informieren möchten, besuchen Sie die Webseite www.htm.nl. Bei einem Klick auf das Symbol oben rechts erhalten Sie die englischsprachige Version. Auf der Seite können Sie Ticketpreise, Streckenpläne und Abfahrtszeiten für alle Linien des HTM einsehen. Auch in Delft verkehrt der HTM. Die Straßenbahn 1 fährt von Scheveningen über Den Haag bis nach Delft. Leiden ist eine kleine Stadt. Vom Hauptbahnhof sind es nur wenige Schritte bis ins Stadtzentrum. Wenn Sie trotzdem lieber Bus fahren, können Sie das gut ausgebaute Busnetz nutzen, mit dem Sie in jede Ecke der Stadt gelangen. Die Bustickets können Sie im Arriva-Store im Tourismusbüro VVV Leiden kaufen.

→ Nachtverkehr

Die Straßenbahnen, Busse sowie Randstadrail verkehren zwischen 6:00 und 00:30 Uhr.

→ Das HTM-Ticket

Wenn Sie in und rund um Den Haag mit öffentlichen Verkehrsmitteln unterwegs sind, benötigen Sie ein Ticket oder eine elektronische Fahrkahrte (OV-Chipkaart). Die Chipkarte ist in verschiedenen Varianten erhältlich. Wenn Sie nur einige Tage in Den Haag verbringen, ist eine Tages- oder Mehrtageskarte am praktischsten und zugleich am günstigsten. Mit dieser Karte können Sie alle Straßenbahnen, Busse und die Züge von Randstadrail in ganz Den Haag und der Umgebung uneingeschränkt nutzen. Nutzen Sie die öffentlichen Verkehrsmittel nur an einem Tag, empfiehlt sich eine Tageskarte, die ab dem ersten Einchecken 24 Stunden gültig ist. Sie können während der Gültigkeitsdauer der Karte nach Belieben umsteigen und so oft ein- und auschecken, wie Sie möchten. Bleiben Sie etwas länger, sind beim HTM auch Mehrtageskarten für 3 Tage oder saisonale Karten erhältlich.

→ Radfahren

Für die meisten Niederländer ist Radfahren ein Lebensgefühl und es ist nach wie vor die beste Art der Fortbewegung. Überall in den Städten gibt es ausgewiesene Fahrradwege und Sie müssen nur wenige Anhöhen bezwingen.
Bei zahlreichen Anbietern bekommen Sie ein Leihfahrrad für € 8 pro Tag; bei längerer Mietdauer erhalten Sie zudem Ermäßigungen.

Rent a bike (Den Haag): Noordeinde 59, + (31) 70 326 5790, www.rentabikethehague.nl
Rijwielshop (Den Haag Hauptbahnhof): Koningin Julianaplein 10, + (31) 70 385 32 35, www.rijwielshopdenhaag.nl
Rijwielshop (Bahnhof Hollands Spoor): Stationsplein 29, +(31) 70 389 0830, www.rijwielshop-hollands-spoor.nl
Du Nord Bicycle Rental (Scheveningen): Keizerstraat 27, +(31) 70 355 40 60, www.fietsverhuurzuidholland.nl
Bizon Bike Company (Leiden): Oosterkerkstraat 18, +(31) 750 3184, www.bizonbikecompany.nl
Bike Totaal Wijtman (Delft): +(31) 15 257 82 31, www.wijtman.nl

→ Taxi

Wenn Sie ein Taxi benötigen, finden Sie diese vor der Haupthalle am Flughafen Schiphol, am Hauptbahnhof Den Haag und am Bahnhof Den Haag Hollands Spoor, am Hauptbahnhof Leiden und am Hauptbahnhof Delft. Ansonsten können Sie natürlich ein Taxi an der Straße heranwinken oder eines reservieren.
Taxi centrale haaglanden (Den Haag): +(31) 70 390 6262, www.tch.nl,
De Hofstad Taxicentrale (Den Haag): +(31) 70 346 2626, www.hofstadtax.nl.
Taxi Delftland (Delft): +(31) 15 364 64 43, www.taxidelfland.nl
Taxi centrale Leiden: +(31) 71 2100 210, www.secure.taxiid.nl

Mietwagen

Wussten Sie schon?
Die Gesamtlänge aller Radwege in den Niederlanden beträgt rund 15.000 km.

→ Mietwagen

Auch wenn von Autofahren in Den Haag, Delft und Leiden generell abzuraten ist, finden Sie Autovermietungen am Flughafen Schiphol und jeweils im Stadtzentrum. Alle großen Anbieter, darunter Avis, Budget, Europcar, Hertz, National und Alamo sind vertreten. Autofahren und Parken in der Stadt können sich zu einem wahren Alptraum entwickeln, aber ein Mietwagen kann sich dann lohnen, wenn Sie die Landschaft der Umgebung erkunden möchten. Hier eine Liste mit Autovermietern:

Budget Rent a car: Flughafen Amsterdam Schiphol, Ankunftshalle, Mo-So 06:30 - 23:30 Uhr geöffnet.
Avis Rent a car (Den Haag): Theresiastraat 216, +(31) 88 284 70 20
Hertz (Den Haag): Lekstraat 37, +(31) 70 381 89 89, www.hertz.nl
Europcar (Den Haag), Binckhorstlaan 297, +(31) 70 381 18 11, www.europcar.nl
Hertz (Leiden): Hallenweg 6, +(31) 71 512 1668, www.hertz.nl
Sixt Rent a Car (Delft): Schieweg 93B, +(31) 23 569 8656, www.sixt.nl

So erreichen Sie Ihr Ziel: Den Haag, Delft und Leiden sind touristenfreundliche Städte. Fast jeder spricht Englisch und wenn Sie jemanden fragen, erklären Ihnen die Menschen gerne den Weg. Im Allgemeinen können Sie unbesorgt und sicher Ihrer Wege gehen. Rund um die Hauptbahnhöfe ist allerdings etwas mehr Aufmerksamkeit geboten, da dieser Taschen- und Gelegenheitsdiebe anzieht. Ganz besonders gut sollten Sie auf Radfahrer achten. Diese sind oft sehr schnell unterwegs. Schauen Sie deshalb in alle Richtungen! Beachten Sie auch die Straßenbahnen.

Touristenpässe

→ Holland Pass

Der Holland Pass ist ein Prepaid-City-Pass und eine Rabattkarte, mit der Sie freien Zugang zu vielen Top-Museen, Sehenswürdigkeiten, Aktivitäten und Stadtrundfahrten in Amsterdam, Den Haag, Delft und Leiden erhalten. Sie können den Holland Pass in drei Paketen bekommen. Damit erhalten Sie freien Eintritt zu Museen und Sehenswürdigkeiten sowie ein spezielles Ticket für den Stadtverkehr. Ein Reiseführer ist im Preis inbegriffen. Weitere Informationen finden Sie unter www.de.hollandpass.com.
Mit dem Hofvijver Passe-Partout erhalten Sie zwei Tage lang Zugang zu den folgenden Museen: Galerij Prins Willem V, Museum Gevangenpoort, Haags Historisch Museum, Museum Bredius und zum Besucherzentrum

des Ridderzaal. Sie können den Hofvijver Passe-Partout für €12,50 in den teilnehmenden Museen erwerben. Dazu erhalten Sie einen Stadtplan, auf dem Sie mehr über das Gewässer Hofvijver und das historische Zentrum von Den Haag erfahren.

→ Leiden City Pass

Mit dem Leiden City Pass erhalten Sie attraktive Ermäßigungen und Spezialangebote in vielen Geschäften, Museen, Restaurants und Sehenswürdigkeiten. Dieser Pass ist während Ihres gesamten Aufenthaltes in Leiden gültig (bis zu einer Woche) Sie können ihn beim Tourismusbüro VVV Leiden und in größeren Hotels für €10 kaufen.

→ Hello Delft card

Entdecken Sie die schönsten Seiten von Delft mit der Hello Delft Card. Mit dieser Karte erhalten Sie 48 Stunden lang 25 Prozent Ermäßigung bei 20 verschiedenen Einrichtungen in Delft. Dazu gehören Museen, Restaurants, Hotels, Cafés, öffentliche Verkehrsmittel und noch viele weitere Adressen. Die Karte kaufen Sie online für nur €3 oder beim Tourist Information Point. Für Kinder bis 12 Jahre ist sie kostenlos. www.hellodelftcard.nl

→ Prinsenstad Combi-Ticket

Eintritt Nieuwe Kerk und Oude Kerk – Eintritt Museum Prinsenhof Delft – Historischer Spaziergang – eine Tasse Kaffee im Stads-Koffyhuis
Preis: €16,00

→ Vermeer Combi-Ticket

Eintritt Nieuwe Kerk und Oude Kerk – Eintritt Museum Prinsenhof Delft – Historischer Spaziergang – eine Tasse Kaffee im Stads-Koffyhuis.
Preis: €21,00

→ Wann Sie die Niederlande besuchen sollten

Die Niederlande sind das ganze Jahr über ein attraktives Reiseziel. Wie überall auf der ganzen Welt gibt es auch hier Hauptreisezeiten. Die Saison geht etwa von Mitte April bis Mitte Oktober. Die meisten Touristen planen ihre Reise im Juli und im August, wenn das Wetter am schönsten ist. Das Klima ist allerdings das ganze Jahr über recht mild. Wenn Sie also lieber außerhalb der Saison verreisen, ist das Land in dieser Zeit mindestens genauso attraktiv. Nicht nur, dass Hotels und Restaurants günstiger und weniger voll sind (inklusive entspannterem und persönlicherem Service), auch finden einige sehr interessante Veranstaltungen statt. Im Sommer steigt das Thermometer in den Niederlanden selten über 24°C, was für ein angenehm mildes Klima sorgt (außer im vergangenen August, als es sich hier wie in der Wüste anfühlte). Juli und August sind die Monate, an denen Sie am besten inlineskaten können und die zum Sonnenbaden in einem der vielen Straßencafés, zu einem Abendessen unter freiem Himmel oder zu einem Strandausflug nach Scheveningen einladen. Auch im September und Oktober können Sie für gewöhnlich noch einige Wochen lang das schöne Spätsommerwetter genießen.

→ Die beste Reisezeit

Ein Besuch in The Hague, Delft and Leiden is always ist immer eine gute Idee. In dieser Stadt können Sie das ganze Jahr über viel Spaß haben. Hochsaison ist während der Tulpenzeit von Anfang April bis Mitte Mai sowie im Juli und August, wenn Schulferien sind. Während dieser Zeiten ist die Stadt sehr voll. Das bedeutet, dass Hotelzimmer schwer zu finden sind und Sie absolut keine Schnäppchen machen können. Wenn Sie Ihre Reise also während der Hauptsaison planen, sollten Sie auf jeden Fall einige Monate im Voraus buchen. Der Sommer ist auch die beste Zeit, die Stadt auf die typisch niederländische Art mit dem Fahrrad zu erkunden. Versuchen Sie es doch auch mal mit einem Tretboot auf den Grachten und erleben Sie die Stadt aus einer anderen Perspektive!

→ Kleidung

Wenn Sie in die Niederlande fahren, sollten Sie immer verschiedene Arten von Kleidung dabei haben. Das gilt auch für Reisen im Sommer, wenn es theoretisch warm sein sollte. Bringen Sie auf jeden Fall immer eine regendichte Jacke und einen Regenschirm mit! Auch bequeme Wanderschuhe sind unerlässlich, egal zu welcher Jahreszeit Sie unterwegs sind.

Wussten Sie schon?

In den Niederlanden herrscht ein ozeanisches Klima. Die wärmsten Monate sind Juni bis August. Dann liegen die Temperaturen zwischen 20 und 27 Grad. Das niederländische Winterwetter ist recht mild. Trotzdem können die Temperaturen unter den Gefrierpunkt fallen.

Einige wichtige Vergaltensregeln

→ Was Sie tun sollten:

- Halten Sie die Stadt sauber und nutzen Sie die Mülleimer. Wenn Sie diese Regel brechen, droht strafrechtliche Verfolgung.
- Ignorieren Sie Bettler und Drogendealer, die Sie ansprechen und tagen Sie Ihre Wertsachen immer nahe bei sich (Es kommt selten vor, es ist aber gut, darauf vorbereitet zu sein).
- Tragen Sie immer einen Lichtbildausweis bei sich. Wenn Sie sich nicht ausweisen können, verstößt das gegen das Gesetz. Sie riskieren, zur nächsten Polizeistation gebracht zu werden und ein Bußgeld zahlen zu müssen.

→ Was Sie lassen sollten:

- Gehen Sie nicht darauf ein, wenn Ihnen Drogen angeboten werden.
- Fahren Sie in Fußgängerbereichen nicht mit dem Fahrrad.
- In Bars und Restaurants dürfen Sie nicht rauchen.
- Konsumieren Sie keinen Alkohol auf öffentlichen Plätzen; das ist verboten.
- Kaufen Sie weiche Drogen nirgendwo anders als im Coffeeshop.
- Nutzen Sie die Straße nicht als Abort.
- Vermeiden Sie es im öffentlichen Raum, Störungen durch etwa Lärm, Geschrei oder laute Musik zu verursachen.
- Campen Sie nicht wild, sondern nur auf den dafür vorgesehenen Campingplätzen.

→ Ausgewählte Feiertage

1. Januar:	Neujahr
27. April:	Königstag
1. Mai:	Tag der Arbeit
4. Mai:	Nationaler Gedenktag
5. Mai:	Befreiungstag
5. Dezember:	Sinterklaas (kein offizieller Feiertag)
25. Dezember:	Weihnachtstag
26. Dezember:	2. Weihnachtstag
31. Dezember:	Silvester (kein offizieller Feiertag)

Die Geschichte der Niederlande

Niederländische Windmühlen von Kinderdijk

→ Die Niederlande in der Antike und im Mittelalter

Amsterdam ist die Hauptstadt der Niederlande. Die Geschichte der Niederlande ist die Geschichte eines Volkes von Seefahrern, die sich in der Flussdeltalandschaft der nordwesteuropäischen Tiefebene an der Nordseeküste ansiedelten. Um 4.500 v. Chr. entwickelte sich auf dem heutigen Gebiet der Niederlande die früheste Landwirtschaft. Zunächst stellten die Bauern ihre Werkzeuge und Waffen aus Stein her. Nach 1.900 v. Chr. setzte der Gebrauch von Bronze ein. In der Zeit um 750 v. Chr. erlernten die Einwohner der Niederlande die Verarbeitung von Eisen. Als die Truppen von Julius Caesar in die Niederlande einzogen, war das Land von den germanischen Stämmen der Bataver, Nervier und Friesen besiedelt. Um 50 v. Chr. eroberten die Römer das Gebiet der heutigen Staaten Niederlande, Belgien und Luxemburg. Sie bauten Straßen und Siedlungen und sie gründeten die ersten Städte in den Niederlanden, von denen Utrecht, Nijmegen und Maastricht die wichtigsten sind. Mit dem Zerfall des römischen Reiches zogen sich die Römer gegen Ende des 4. Jahrhunderts aus den Niederlanden zurück.

Mit der zunehmenden Schwäche des römischen Staates begannen germanische Stämme mit Angriffen auf das Land. Der mächtigste dieser Stämme war der der Franken. Diese eroberten das Territorium im 5. Jahrhundert und führten das Christentum ein. Im Jahre 768 wurde Karl der Große Herrscher der Franken und baute ein mächtiges Reich in Europa auf. Mit dem Sieg Karls des Großen über Widukind im Jahre 785 eroberten die Franken das Gebiet östlich des Flusses Lauwers. Unter der Herrschaft Karls des Großen wurden die Niederlande in verschiedene Grafschaften eingeteilt, die jeweils von einem eigenen Grafen regiert wurden.

Im Verlaufe des 9. und 10. Jahrhunderts hatten die Niederlande unter den Angriffen der Wikinger zu leiden. Während des Mittelalters bestanden die niederen Lande an der Nordseeküste von Calais bis ins heutige Deutschland (Ostfriesland) hinein aus verschiedenen Grafschaften und Diözesen, die zu den Herzogtümern von Brabant und Burgund und zum Heiligen Römischen Reich gehörten. Im Mittelalter begannen das städtische Leben und der Handel in den Niederlanden zu florieren. Im 13. Jahrhundert herrschte in den holländischen Städten verhältnismäßig große Freiheit. Über die Jahrhunderte hinweg hat Amsterdam dabei immer eine besondere Rolle in der niederländischen Gesellschaft gespielt. Aufgrund ihrer Lage in der Provinz Nordholland entwickelte sich die Stadt zum wichtigsten Zentrum für Handel und Politik.

→ Die Niederlande 1500-1800

Das Gebiet der heutigen Benelux-Länder gelangte unter die Herrschaft der mächtigen Familie von Habsburg. Im Jahre 1555 übergab Karl V. von Habsburg die Herrschaft über die Niederlande an seinen Sohn, Philipp II, König von Spanien. Trotz rigoroser Verfolgung verbreitete sich indes die Reformationsbewegung in den Niederlanden. Der auf den Lehren von John Calvin basierende Calvinismus entwickelte sich in vielen Städten der Niederlande zu einer po-

pulären Bewegung. Der Calvinismus spielte im Unabhängigkeitskampf gegen König Philipp II. von Spanien eine wichtige Rolle. Mit Unterstützung der spanischen Inquisition setzte Philipp II. grausame Verfolgungskampagnen in Gang. Die Calvinisten reagierten auf die Verfolgung mit Aufständen. Als Folge wurden beim Bildersturm im Jahre 1566 religiöse Darstellungen in Kirchen zerstört. Im Jahre 1567 entsandte Philipp II. den grausamen Fernando Álvarez de Toledo, Herzog von Alba, mit 12.000 Soldaten in die Niederlande, um den Aufstand niederzuschlagen. Er begann einen wahren Feldzug, um den Calvinismus auszuradieren und den Niederlanden seinen Willen aufzuzwingen. Der „Eiserne Herzog", wie er später genannt wurde, installierte ein 6 Jahre andauerndes Schreckensregiment. Álvarez setzte ein Sondergericht, den so genannten Blutrat, ein, der über 12.000 Menschen für ihre Teilnahme an den Aufständen von 1566 zum Tode verurteilte und hinrichten ließ.
Der von König Philipp geächtete Wilhelm von Oranien sammelte in der Hoffnung, die Spanier aus den Niederlanden vertreiben zu können, eine Armee um sich. Damit begann der 80-jährige Krieg für die Unabhängigkeit (1568-1648). Die Kriegsjahre fallen mit dem Beginn des Goldenen Zeitalters in den Niederlanden zusammen. In dieser Ära, die grob das gesamte 17. Jahrhundert umfasst, erlebte das Land eine besonders reiche wirtschaftliche und kulturelle Blüte, die von einer starken Migrationsbewegung vom Süden, hin in den Norden begleitet wurde.
Im Jahre 1572 eroberten holländische Freibeuter die Kleinstadt Brielle an der Mündung der Maas. Vom Meer aus fuhren Sie flussaufwärts und nahmen weitere holländische Städte ein. Die Bevölkerung schloss sich dem Aufstand in Scharen an. Als die Spanier zurückschlugen, entfachte ein furchtbarer Krieg. Sieben der niederländischen Provinzen schlossen sich im Jahre 1579 zur Utrechter Union zusammen. Die sieben vereinigten Provinzen, zu denen auch Amsterdam gehörte, erklärten ihre Unabhängigkeit von Spanien. Ab 1588 waren die vereinigten Provinzen auch als Republik der Niederlande bekannt. Die Spanier setzten die Kämpfe fort, um die Kontrolle über die Region zu behalten. 1584 wurde Wilhelm von Oranien in Delft von einem katholischen Fanatiker ermordet, der dafür von den Spaniern eine Belohnung erhielt. Die Engländer sandten Hilfe aus und Spanien wurde mit dem Sieg über die Spanische Armada im Jahre 1588 geschwächt. König Philipp II. starb 1598.
Im Laufe des 17. Jahrhunderts entwickelten sich die Niederlande zu einer wohlhabenden Handelsnation. Diese Entwicklung wurde durch einen 12 Jahre andauernden Waffenstillstand mit Spanien von 1609 bis 1621 vorangetrieben. Die Niederländische Ostindien-Kompanie (Verenigde Oostindische Compagnie: VOC) wurde 1602 gegründet. Das Handelsunternehmen besaß das Monopol auf den Seehandel mit dem fernen Osten und Indien. 1621 folgte die Westindien-Kompanie, um den Handel mit Amerika und der afrikanischen Westküste zu organisieren. Aus den Kolonien Brasilien und Neu-Amsterdam (dem heutigen New York) wurden verschiedene Handelsgüter exportiert. Der Handel mit Tulpen, der niederländischen Nationalblume, sorgte im Jahre 1637 für den ersten

Der Binnenhof in Den Haag
politsches Zentrum der Niederlande

Börsencrash. „Niederländische Kolonien" lautet die Sammelbezeichnung für die verschiedenen Territorien, die sich im Verlauf des 17. bis 20. Jahrhunderts unter der Herrschaft oder Kontrolle der Niederlande befanden. Die Niederländer folgten dem Beispiel der Spanier und Portugiesen, indem sie ein großes Kolonialreich außerhalb Europas errichteten. Dazu besaßen die Niederländer die entsprechenden Fähigkeiten und sie hatten genügend Zeit, die Welt zu erkunden. Einige der größten Seefahrer und Geschäftsleute stammten aus den Niederlanden. Zu den berühmtesten niederländischen Persönlichkeiten der Kolonialzeit zählen Henry Hudson, Abel Tasman, Willem Janzoon und Willem Barents.
Nachdem die Aufstände über 80 Jahre lang angedauert hatten, warfen die Spanier schließlich das Handtuch und unterzeichneten den Westfälischen Frieden von 1648. Damit erkannten sie die Unabhängigkeit der Niederlande an. In den Niederlanden des späten 17. Jahrhunderts erlebten Wissenschaft, Kunst und Philosophie eine Blütezeit. Der politische und wirtschaftliche Abstieg des Landes begann im 18. Jahrhundert. Die Niederlande waren in den Spanischen Erbfolgekrieg gegen Frankreich verwickelt. Dieser langandauernde Konflikt zehrte an den Kräften des Landes. Zunehmend dominierten die Briten und Franzosen den Welthandel.

→ Die Niederlande im 19. Jahrhundert

Am Ende des 18. Jahrhunderts löste die Französische Revolution Aufruhr in ganz Europa aus. Im Jahre 1795 wurde die Republik der Sieben Vereinigten Provinzen von den Franzosen besetzt und zur Batavischen Republik umgewidmet. Von 1806 bis 1810 bestand das von Napoleon Bonaparte als Satellitenstaat Frankreichs ausgerufene Königreich Holland. Regierender König war Napoleons Bruder, Louis Bonaparte. Damit sollte die Kontrolle über das Gebiet erhöht werden. Der Name der Hauptprovinz Holland wurde stellvertretend für das ganze Land verwendet. Der König nahm seinen Wohnsitz in Amsterdam ein, das so zur Hauptstadt der Niederlande wurde. Konflikte zwischen den Brüdern sorgten dafür, dass Louis Bonaparte im Jahre 1810 abdanken musste. In der Folge wurden die Niederlande vollständig von Frankreich annektiert.
Im Jahre 1813 stand Napoleon vor der Niederlage und im selben Jahr kehrte Wilhelm von Oranien in die Niederlande zurück. Im Jahr 1814 wurde er als König Wilhelm I. gekrönt. 1815 vereinte er Belgien und die Niederlande zu einem einzigen Land, doch die beiden Länder erwiesen sich als zu unterschiedlich für eine Zusammenführung. Im Jahre 1830 organisierten die Belgier einen Aufstand und zwangen Wilhelm I. schließlich dazu, Belgien 1839 in die Unabhängigkeit zu entlassen. Wilhelm I. starb im Jahre 1840 und im Jahre 1848 verabschiedete sein Sohn eine neue, liberale Verfassung. Das verbleibende 19. Jahrhundert überdauerten die Niederlande als wohlhabende und stabile Nation. Ebenso wie die übrigen Länder Europas wandelten sich die Niederlande im Verlauf des 19. Jahrhunderts Stück für Stück zu einer modernen, von einer starken Mittelschicht geprägten Industriegesellschaft. Die Zahl der

NETHERLANDS
Amsterdam
avenhage
Rotterdam
Bruxelles
Aachen
Lille
BELGIUM
Bielefeld
Hannove
Bre
G E R
Essen
Düsseldorf
Köln
Bonn
Rhein
(Rhine)
LUXEMBOURG
Luxembourg

Beschäftigten in der Landwirtschaft nahm ab. Gleichzeitig unternahm das Land große Anstrengungen, seine Stellung in den umkämpften Wirtschaftszweigen Schifffahrt und Handel zurückzuerobern. Rotterdam stieg zu einem wichtigen Seefahrts- und Produktionszentrum auf.

→ Die Niederlande im 20. Jahrhundert

Obwohl die Niederlande im 1. Weltkrieg neutral blieben, waren die Auswirkungen des tobenden Krieges auch hier zu spüren. Die Niederlande litten unter gewaltsamen Unruhen und unter Nahrungsmittelknappheit, sodass Lebensmittel über Gutscheine verteilt werden mussten. In den 1930er Jahren zeigte die Weltwirtschaftskrise auch in den Niederlanden ihre Folgen und verursachte Massenarbeitslosigkeit. Doch trotz der Depression stieg der Lebensstandard der Bevölkerung im Laufe der 1920er und 1930er Jahre. Im 2. Weltkrieg (1939- 1945) blieben die Niederländer zunächst neutral. Trotzdem überfielen die Deutschen das Land am 10. Mai 1940. Die schlecht ausgerüstete niederländische Armee hatte den Deutschen wenig entgegenzusetzen. Nach nur fünf Tage andauernden Kämpfen entschied sich Hitler, Rotterdam zu bombardieren und die gesamte Innenstadt dem Erdboden gleichzumachen. Die niederländische Armee kapitulierte und die Besetzung wurde zur Tatsache. Mit dem 2. Weltkrieg brach schreckliches Leid über die Niederlande herein. Tausende niederländischer Männer wurden zur Zwangsarbeit nach Deutschland deportiert. 23.000 Menschen, die Widerstand gegen die Besetzer geleistet hatten, wurden erschossen. Am meisten hatte die Bevölkerung im Hungerwinter 1944-1945 zu leiden, als die Deutschen die niederländischen Nahrungsmittelvorräte plünderten und viele Menschen beinahe verhungerten.

→ Die Niederlande im 21. Jahrhundert

Bis zum Jahr 2015 wuchs die Bevölkerung auf 16,9 Millionen Menschen an, so dass die Niederlande heute zu den am dichtesten besiedelten Ländern der Welt gehören. Die kleine Nation hat sich erfolgreich zu einem der offensten, dynamischsten und wohlhabendsten Länder weltweit entwickelt. In der zweiten Hälfte des 20. Jahrhunderts machten die Niederlande durch ihre liberale Sozialpolitik, wie etwa der Duldung von Prostitution und der teilweisen Legalisierung von Marihuana und Haschisch auf sich aufmerksam. Gleichgeschlechtliche Ehen und Sterbehilfe wurden gesetzlich zugelassen. Die niederländische Gesellschaft gehörte zu den am meisten durchgeplanten und regulierten in der westlichen Welt, wenn auch im Laufe der 80er und 90er Jahre Anstrengungen unternommen worden waren, die Rolle des Staates zu reduzieren. Die Niederlande sind ein Land mit einem wahrhaft kosmopolitischen Charakter und es sind zahlreiche internationale Organisationen und Institutionen hier angesiedelt. Zu den bekanntesten zählt der Internationale Strafgerichtshof in Den Haag. Die Wirtschaftskrise im Jahr 2009 traf die Niederlande ebenso wie den Rest der Welt, aber das Land erholte sich schnell. Gegenwärtig sind die Niederlande eine wohlhabende Nation mit einer florierenden Wirtschaft.

Die Flagge der Niederlande ist eine waagerechte Trikolore in den Farben Rot, Weiß und Blau. Am 19. Februar 1937 wurde die heutige Version der Flagge offiziell angenommen. In früheren Zeiten zeigte die Flagge die Farben Orange, Weiß und Blau, die Farben der Livree des niederländischen Prinzen Wilhelm von Oranien.

Im 17. Jahrhundert wurde der orange Streifen durch einen roten ersetzt, weil sich die orange Farbe des Stoffes in der Sonne mit der Zeit zu Rot verfärbte.

Wissenswertes über die Niederlande

1. Die Bezeichnung Niederlande ist durchaus wörtlich zu nehmen. Nur die Hälfte des Landes liegt mehr als 1 Meter oberhalb des Meeresspiegels, während sich 27 % der Fläche darunter befindet. Der höchste Punkt liegt auf einer Höhe von nur 321 Metern.

2. „Niederlande“ ist nicht gleichzusetzen mit „Holland“! Holland ist die Bezeichnung für die westliche Küstenregion der Niederlande, in der die Städte Amsterdam, Rotterdam, Haarlem, Leiden und Den Haag liegen. Bei der Gründung des niederländischen Staates war Holland unter den Provinzen, die sich dem neuen Land anschlossen. Oft wird der Begriff „Holland“ verwendet, wenn eigentlich die Niederlande gemeint sind. Es ist allerdings wichtig zu wissen, dass Holland und Niederlande nicht zwei verschiedene Namen für dasselbe Land sind.

3. Die Niederlande grenzen an Belgien und Deutschland.

4. Zum niederländischen Staat gehören auch die Karibikinseln Bonaire, Sint Eustatius und Saba.

5. Indonesien war bis 1948 eine niederländische Kolonie. Die Hauptstadt Jakarta hieß bis dahin „Batavia“, in Anlehnung an die lateinische Bezeichnung für die Niederlande. Eine Minderheit der indonesischen Bevölkerung spricht bis heute Niederländisch.

6. Außer in den Niederlanden ist Niederländisch auch auf Aruba, Curacao und Sint Maarten sowie in Belgien und Suriname offizielle Landessprache.

7. Die Niederländer haben die älteste Nationalhymne der Welt. Der Wilhelmus wurde im Jahre 1568 geschrieben und uraufgeführt. Zur offiziellen Nationalhymne wurde die Komposition allerdings erst 1932.

8. In der englischen Sprache werden die Niederländer als „the Dutch“ und ihre Sprache als „Dutch“ bezeichnet. Das Wort „Dutch“ stammt vom altniederländischen Wort „Dietsch“ und vom deutschen Wort „deutsch“.

9. Als ursprünglich niederländische Kolonie lautete der Name von New York zuerst Nieuw Amsterdam. Die historische Bezeichnung für Australien ist Neuholland und der niederländische Entdecker Abel Tasman benannte Neuseeland nach der niederländischen Provinz Zeeland.

10. Tulpen werden im Allgemeinen mit den Niederlanden in Verbindung gebracht, auch wenn die Blume ursprünglich aus dem osmanischen Reich (Türkei)

stammt. Im 16. Jahrhundert wurden Tulpen erstmalig aus der Türkei nach Europa importiert und auch in die Niederlande gebracht. Wenn Sie Tulpen sehen möchten, sollten Sie die Niederlande zwischen dem 25. April und dem 5. Mai besuchen. Das ist die Hauptblütezeit der Blume, die von Jahr zu Jahr ein wenig variieren kann.

11. Holzschuhe, die so genannten „Klompen" waren in den Niederlanden über 700 Jahre lang beliebte Arbeitsschuhe. Bauern, Fischer, Fabrikarbeiter, Handwerker und viele andere trugen sie, um ihre Füße vor Verletzungen zu schützen und sie trocken zu halten.

12. In den Niederlanden gibt es acht UNESCO-Welterbestätten. Dazu zählen Schokland, das Dampfschöpfwerk Woudagemaal, das Wattenmeer, die Befestigungslinie von Amsterdam, der Beemster-Polder, das Rietveld-Schröder-Haus, die Mühlen von Kinderdijk und die Grachten von Amsterdam.

13. Auf den niederländischen Straßen gilt Rechtsverkehr.

14. Einer der beliebtesten Snacks der Niederländer sind Pommes frites (frites/patat) mit Mayonnaise.

15. In den Niederlanden lieben auch Erwachsene Butterbrote mit Streuseln (die Kinder essen sie auch gern auf ihrem Eis).

16. Eingelegter Hering mit rohen Zwiebelwürfeln und sauren Gurken ist ein Nationalgericht.

17. Die Niederländer lieben Lakritze (drop). Niederländisches „drop" gibt es in vielen verschiedenen Geschmacksrichtungen und Formen. Man unterscheidet vier verschiedene Hauptsorten: weich & süß, weich & salzig, hart & süß sowie hart & salzig.

18. Fußball ist ein Lieblingssport der Niederländer. Auch wenn die Niederländer noch nie Weltmeister geworden sind, standen Sie 1974, 1978 und 2010 im Finale. Damit stehen sie in der Bestenliste des Turniers auf Platz 9. 1988 gewannen die Niederländer die Fußball-Europameisterschaft.

19. Außer Fußball sind bei den Niederländern auch Sportarten wie Schwimmen, Volleyball, Golf, Tennis, Eislaufen und (Feld-) Hockey sehr beliebt.

20. Die Niederländer geben nicht gerne Geld aus. Sie können hier Freunde fürs Leben gewinnen, wenn Sie jemandem etwas gratis geben. Das könnte auch den großen Erfolg von McDonald's und IKEA in den Niederlanden erklären.

→ Die niederländische Küche

Die Anzahl der niederländischen Nationalgerichte ist begrenzt. Dennoch kann ein Restaurantbesuch zu einem der Höhepunkte Ihrer Reise werden. Die traditionelle niederländische Küche ist einfach und unkompliziert, enthält viel Gemüse und wenig Fleisch. Frühstück und Mittagessen sind einfache Mahlzeiten mit Brot, Obst und Milchprodukten. Zum Abendessen gibt es üblicherweise zwischen 18 und 19 Uhr eine warme Mahlzeit. Beachten Sie, dass die meisten Restaurantküchen in der Regel zwischen 21 und 22 Uhr schließen. Ebenso wie Sie in den Niederlanden alle möglichen Nationalitäten antreffen, können Sie hier Gerichte aus der ganzen Welt genießen. Ob Sie nun Lust auf indonesische, chinesische, japanische, thailändische, surinamische, französische, italienische oder irgendeine andere internationale Küche haben: Sie können sicher sein, dass Sie ganz in der Nähe ein entsprechendes Restaurant finden. Was aber, wenn Sie sich für „traditionell niederländisch" entscheiden? Machen Sie sich bereit und probieren Sie einheimische Erbsensuppe mit Würstchen, Hering mit Zwiebeln oder eingelegte Heringe. Seit vielen Generationen gehört Fisch zu den Hauptbestandteilen der niederländischen Küche. Probieren Sie Heilbutt, Kabeljau oder Schellfisch. Diese Fischsorten werden allesamt in der Nordsee vor der niederländischen Küste gefangen. Überall in der Stadt finden Sie viele Fischstände, wo Sie diese typisch niederländischen Spezialitäten kaufen und genießen können. Bestellen Sie dort ein Fischbrötchen oder werfen Sie den Kopf in den Nacken und lassen Sie sich den glitschigen Hering direkt in den Rachen gleiten.

Das ultimative niederländische Wintergericht ist auf jeden Fall „Stamppot" (Untereinander, Eintopf). Das eher einfache Gericht besteht aus gestampften Kartoffeln, die mit entweder

rohem oder gekochtem Gemüse und (meist) Fleisch gemischt werden. Es gibt mehrere Varianten - am verbreitetsten sind Hutspot (mit Karotten und Zwiebeln) und Stamppot mit Endivien, Sauerkraut oder Kohl.
Sie haben eher eine Vorliebe für Süßes? Testen Sie „Poffertjes": Das sind kleine Pfannkuchen mit ganz viel Puderzucker und Butter. Wenn Sie zum Jahreswechsel in den Niederlanden sind, müssen Sie unbedingt „Oliebollen" essen. Diese Krapfen werden traditionell zu Silvester gemacht. Sie sind ein Fan von Snacks? Dann sind Sie hier genau im richtigen Land! Wir Niederländer lieben Snacks und Sie können überall internationale oder eher traditionelle Snacks wie Kroketten und „Bitterballen" bekommen. Halten Sie nach den FEBO-Schnellrestaurants Ausschau und probieren Sie all die verschiedenen Snacks aus, die Sie hier aus der Selbstbedienungswand ziehen können!

Im 16. Jahrhundert, zur Blütezeit des Gewürzhandels, gelangten die Niederländer bei ihrer Suche nach Nelken, Muskatnuss und Pfeffer nach Indonesien. Als die Niederländische Ostindien-Kompanie (VOC) im Jahre 1800 Konkurs ging, wurde Indonesien eine geschätzte Kolonie der Niederlande.
Bei Niederländern im In- und Ausland war die köstliche indonesische Küche zu dieser Zeit sehr beliebt. Sehr zu empfehlen ist die "rijsttafel" (wörtlich: Reistafel), eine Auswahl aus 12 oder mehr Gerichten mit Rindfleisch, Meeresfrüchten und Gemüse, die zusammen mit Reis serviert werden. Indonesische Restaurants bieten auch viele Gerichte ohne Fleisch an. In Den Haag, Delft und Leiden finden Sie zahlreiche indonesische Restaurants. Lassen Sie sich auch das chinesische Essen in der Chinatown von Den Haag nicht entgehen.
Und selbstverständlich sind die Niederlande für ihren Käse berühmt. Käse wird zum Frühstück oder Mittagessen serviert. Einige der niederländischen Käsesorten sind auf der ganzen Welt bekannt. Es gibt hunderte Käsesorten. Von jungem bis altem Käse und allem, was noch dazwischen liegt. Auf den Märkten in Den Haag, Leiden und Delft gibt es zahlreiche Käsestände. Außerdem finden Sie in allen drei Städten verschiedene Käsegeschäfte.

→ Bars und Kneipen
Die traditionelle niederländische Kneipe konzentriert sich vor allem auf zwei Produkte: auf Bier und den Wacholderschnaps Genever. Wenn es ein Getränk gibt, das die Niederländer lieben, ist es ihr Bier. In jeder Kneipe können Sie das weltbekannte Heineken bestellen, ebenso wie das aus derselben Brauerei stammende Amstel. Im Sommer sollten Sie es auch mal mit einem Weißbier (witbier) versuchen. Das helle Bier wird Ihnen mit einer Zitronenscheibe serviert. Außerdem warten die vielen verschiedenen Genever-Sorten darauf, von Ihnen entdeckt zu werden. Seit dem 1. Januar 2014 gilt: Sie müssen mindestens 18 Jahre alt sein, um Alkohol trinken zu dürfen. Neben Bier und Genever servieren die meisten Kneipen auch Wein, Kaffee und alkoholfreie Getränke.

Holländischer Käse

Der Hofvijver in Den Haag

Die Städte Den Haag, Delft und Leiden

Auf den folgenden Seiten finden Sie Informationen über die Städte Den Haag, Delft und Leiden. Zu jeder Stadt gibt es einen eigenen Teil, der jeweils mit einem Stück zur allgemeinen Geschichte der Stadt und Hintergrundinformationen beginnt. So haben Sie Gelegenheit, alle Städte so gut wie möglich kennen zu lernen. Dann folgen verschiedene Spaziergänge, die Sie auf den schönsten Wegen durch die Städte führen. Sie gehen an den bekannten und weniger bekannten Museen entlang, Sie werden zu den interessantesten Geschäften geführt und Sie sehen, wo sie am besten etwas essen oder trinken können, nachdem Sie die Umgebung zu Fuß oder mit dem Fahrrad erkundet haben. Neben den praktischen Informationen bekommen Sie auch viele faszinierende Hintergrundinformationen über die Städte, die all ihre vielen Facetten beleuchten. Wenn Sie diese Spaziergänge hinter sich haben, werden Sie mit der Schönheit dieser Städte vertraut sein.

Den Haag

Einführung

Den Haag hat einen besonderen Stellenwert. Auch wenn die Stadt nicht die Hauptstadt der Niederlande ist, spielt sie eine wichtige Rolle, wie sie normalerweise einer Hauptstadt vorbehalten ist. So haben das Parlament und die Regierung der Niederlande hier ihren Sitz. Darüber hinaus ist Den Haag die Residenz der Königsfamilie und es befinden sich zahlreiche Ministerien und Botschaften in der Stadt. Daneben haben verschiedene nationale und internationale Gerichtshöfe ihren Sitz in Den Haag. In dieser Hinsicht ist Den Haag durchaus vergleichbar mit Städten wie New York, Wien, Genf, Tokio oder Nairobi. Entsprechend der ausländischen Namen für Den Haag (zum Beispiel The Hague, La Haye und La Haya) verwendet die Regierung seit 1990 konsequent den Namen "Den Haag" anstelle von "'s-Gravenhage". Trotzdem wird dieser zweite Name für die Stadt noch immer auf Ausweisen und anderen offiziellen Dokumenten der Gemeinde verwendet.

Wussten Sie schon....?

Der Storch ist der Wappenvogel von Den Haag. Abbildungen dieses Vogels finden sich auf zahlreichen Wappen, die an verschiedenen Gebäuden in der Stadt angebracht sind. Das älteste dieser Wappen befindet sich im Turm der Grote Kerk, auf der ältesten Glocke (der „Jhesus"), die aus dem Jahre 1541 stammt. Wie die Legende besagt, war der Storch auch schon davor auf dem Wappen Den Haags abgebildet. Nach 1541 war der Storch auf fast jedem Gemälde von Den Haag zu finden. Dementsprechend ist auch auf dem berühmten Gemälde „Gezicht op Den Haag" (Blick auf Den Haag) von Jan van Goyen ein solcher Vogel zu sehen. Das Bild ist im Haags Historisch Museum ausgestellt. Der Storch wurde zum Wappentier der von Den Haag, weil die Umgebung der Stadt (Weiden, Torfflächen, Dünen, Seen und Marschland) jahrhundertelang ein wahres Paradies für diese Vögel darstellte. Jeder, der in dieser Zeit die Stadt malte, musste zwangsläufig Störche sehen. Darum sind diese schönen Tiere beinahe auf jeder historischen Stadtansicht abgebildet.

Ridderzaal im Binnenhof

Die Geschichte von Den Haag

Im Jahre 1229 erwarb Graf Floris IV von Holland das Hoheitsgebiet von Den Haag. Sein Nachfolger Wilhelm II, Graf von Holland und König von Deutschland, der römisch-deutscher Kaiser werden sollte, errichtete hier im Jahre 1248 eine Burg. Dort wollte er nach seiner Krönung leben, starb aber schon vorher im Kampf. Seine Burg wurde nie fertiggestellt. Trotzdem sind Teile davon erhalten geblieben und werden heute als Ridderzaal (Rittersaal) bezeichnet. Bis heute finden in diesem Gebäude politische Ereignisse statt. Beispielsweise hält der König hier jedes Jahr seine Rede zum Prinsjesdag ("Prinzentag"). Ab dem 13. Jahrhundert nutzten die Grafen von Holland die Stadt Den Haag während ihrer Aufenthalte in Holland als administratives Zentrum und als Residenz.

Zu Beginn des Achtzigjährigen Krieges erwies sich das Fehlen von Stadtmauern als katastrophal, denn so konnten die spanischen Truppen die Stadt mühelos besetzen. Im Jahre 1575 hatten die Staaten von Holland sogar kurzzeitig erwogen, die Stadt zu zerstören. Dieser Vorschlag wurde aber nach Verhandlungen mit Wilhelm von Oranien fallen gelassen. Ab 1588 wurde Den Haag auch zum Regierungssitz der niederländischen Republik. Damit die Verwaltung die Kontrolle über die Angelegenheiten der Stadt behalten konnte, erhielt Den Haag nie offiziell die Stadtrechte. Trotzdem profitierte es von vielen der Rechte, die normalerweise nur Städten zustehen.

Nach der Befreiung von den Spaniern wurden im Laufe des 17. Jahrhunderts viele der ursprünglichen Gebäude durch Paläste und andere Bauwerke des neuen, protestantischen Staatsoberhauptes, des Prinzen von Oranien, ersetzt. Einer dieser Paläste ist das Mauritshuis (Haus des Maurits, heute ein Museum).

Bis in die Zeit Napoleons blieb Den Haag offiziell ein Dorf. Napoleon ernannte seinen Bruder Louis zum ersten König der Niederlande. Bis dahin war

das Land eine von den Städten regierte Republik gewesen. Im Jahre 1806 erhielt Den Haag schließlich die Stadtrechte von Louis Bonaparte.

Ab 1851 unterschied die Gesetzgebung nicht mehr zwischen Städten und Dörfern und alle Gebietseinheiten wurden zu Gemeinden (gemeenten). Den Haag wurde zum Sitz des Königs und Amsterdam zur Hauptstadt ernannt. Als Regierungsstadt und Residenz des Königs zog es zahlreiche Botschaften an und Den Haag entwickelte sich so zu einer internationalen Stadt.
Der Sitz des Königs war nicht von Stadtmauern umgeben. Stolz erhob sich die Stadt aus Wasser, Feldern und Dünen und war in der Umgebung weithin sichtbar. Die angreifbare aber gastfreundliche Stadt empfing alle Besucher, die mit Grachtenkähnen, Kutschen oder per Schiff anreisten. Den Haag wuchs zunächst in kleinen Schritten und erlebte dann in der Zeit der industriellen Revolution ein explosionsartiges Wachstum. Plötzlich zog die Stadt Migranten von Nah und Fern an. So wurde es eng und Den Haag musste sich außerhalb des ursprünglichen Zentrums ausdehnen. Dieser jüngere Bereich wird als das neue Zentrum von Den Haag bezeichnet.

Im 20. Jahrhundert entwickelte sich Den Haag zur internationalen Stadt des Friedens und der Gerechtigkeit. Im Jahre 1899 versammelten sich hunderte von Delegierten aus 26 Ländern 3 Monate lang im Huis ten Bosch zur ersten Friedenskonferenz. Dies war ein Versuch, Standards für die Konfliktlösung zwischen Nationen festzulegen - die Geburtsstunde des Ständigen Schiedshofes. Im Jahre 1907 folge die zweite, noch größere Friedenskonferenz von Den Haag.
Die dritte Haager Friedenskonferenz, die für 1915 geplant war, fand wegen des Ersten Weltkrieges nicht statt. Aber vier schreckliche Kriegsjahre taten ihr Übriges, so dass die Ideale der Konferenz in Form der Ständigen Vertretung des Völkerbundes in der Schweiz institutionalisiert wurden. In Den Haag nahmen die Ideale konkrete Formen an: der weltbekannte, von Andrew Carnegie finanzierte Friedenspalast wurde im Jahre 1913, am Vorabend des Ersten Weltkrieges, offiziell eröffnet. Zunächst war dieses Gebäude Sitz des Ständigen Schiedshofes. Im Jahre 1922 kam der Internationale Gerichtshof (unter dem Völkerbund) hinzu. Heute beherbergt es dessen Nachfolgeorganisation, den Internationalen Gerichtshof, das Hauptrechtsprechungsorgan der Vereinten Nationen.

Auch wenn die Niederlande während des Ersten Weltkrieges neutral blieben, stationierte die niederländische Regierung ein stehendes Heer an der Küste, um eine mögliche Invasion aus England zu verhindern. Im Jahre 1918 blieb der Versuch einer sozialistischen Revolution unter Pieter Jelles Troelstra erfolglos. Der Parlamentsabgeordnete wollte eine sozialistische Republik einführen. Zur selben Zeit waren die mächtigen Monarchien Russlands, Deutschlands und Österreichs zusammengebrochen und es gab Anzeichen dafür, dass dasselbe auch in den Niederlanden geschehen könnte. Nach der gescheiterten Revolution fand

in Den Haag eine Massendemonstration von Anhängern des Königshauses statt. Der Zweite Weltkrieg hatte viel weiterreichende, katastrophalere Folgen für Den Haag. Wieder versuchten die Niederlande, ihre Neutralität zu wahren, doch Deutschland griff das Land 1940 an. Die Niederländer hatten sich wieder auf das Wasser als Waffe verlassen, mit der sich Angriffe von außen abwehren ließen. Aber die Deutschen überflogen das Land einfach. Rund um Den Haag befanden sich vier Flugplätze, die alle schon am ersten Tag des Angriffs von den Deutschen eingenommen wurden. Später wurde Den Haag wieder zurück erobert, so dass die Königin und die Parlamentsmitglieder, die als Geiseln gehalten worden waren, fliehen konnten. Viele deutsche Flugzeuge wurden zerstört und die Nazis rächten sich, indem sie Rotterdam unaufhörlich bombardierten. Sie drohten Den Haag mit demselben Schicksal, falls das Land nicht kapitulieren sollte. Weil die Luftabwehr der Niederlande nicht ausreichte, folgte bald darauf die Kapitulation. Sowohl die Deutschen als auch die Alliierten sorgten für weitreichende Zerstörungen in der Stadt. Die Deutschen zerstörten viele Gebäude aus dem 19. Jahrhundert in der Umgebung von Scheveningen. Zahlreiche Häuser und Waldgebiete wurden, ebenso wie der 1863 erbaute Zoo, bis zur Unkenntlichkeit zerbombt. Im März 1945 bombardierten die Alliierten versehentlich den aus dem 19. Jahrhundert stammenden Stadtteil Bezuidenhout, sowie einige Gebäude aus dem 17. Jahrhundert, darunter die eleganten amerikanischen und französischen Botschaften.

Nach dem Krieg wuchs die Bevölkerung von Den Haag sprunghaft an. Das lag zum größten Teil daran, dass die Kolonien Indonesien und Suriname unabhängig wurden und in der Folge viele Menschen von dort in die Niederlande zogen. Heute sind in der Den Haager Innenstadt nur noch sehr wenige Grachten erhalten. Trotzdem zieht die Stadt unter anderem mit multikulturellen Festen und historischen Feiertagen wie dem 27. April, an dem die Niederländer Königstag feiern, viele Touristen an.

Der internationale Ruf von Den Haag entwickelt sich immer weiter. Im Stadtzentrum befinden sich noch immer die historischen Gebäude, in denen die Geschichte der Stadt geprägt wurde. Daneben sprießen moderne Gebäude wie exotische Blumen in den Himmel. Währenddessen wachsen internationale Organisationen in der internationalen Zone immer weiter, sowohl in ihrer Größe als auch in ihrer Reichweite. Im Jahre 1993 richtete der UN-Sicherheitsrat das Jugoslawien-Tribunal ein, um Akteuren im Jugoslawienkrieg für Vergehen wie Völkermord, Kriegsverbrechen und Verbrechen gegen die Menschlichkeit den Prozess zu machen. Der Internationale Strafgerichtshof wurde 2002 in Den Haag eingerichtet und auch Organisationen wie die OPCW (Organisation für das Verbot chemischer Waffen) haben ihren Sitz hier.

Über 100 verschiedene Ethnien leben in Den Haag Seite an Seite. Damit macht Den Haag seinem Ruf als "internationale Stadt des Friedens und der Gerechtigkeit" alle Ehre.

Einkaufen in Den Haag

Passage

Für die Shopaholics unter Ihnen ist Den Haag ein wahres Paradies. Hier können Sie nach Herzenslust international und lokal einkaufen: An den Fußgängerstraßen Spuistraat, Vlamingstraat und Venestraat finden Sie alle möglichen internationalen Modegeschäfte. Direkt am Hauptbahnhof Den Haag Centraal liegt das Einkaufszentrum Babylon mit seiner Vielfalt an Einkaufsmöglichkeiten. Die etwas edleren Läden, Cafés und Schönheitssalons befinden sich im Einkaufsgebiet Haagsche Bluf (zwischen Venestraat, Vlamingstraat und Nieuwstraat). Auch ein Besuch in der historischen „Passage" mit ihren qualitativ hochwertigen Spezialgeschäften lohnt sich. Die Passage liegt zwischen Spuistraat, Hofweg und Buitenhof. Die Innenstadt von Den Haag ist unter anderem für ihre vielen Antiquitätengeschäfte und Kunstgalerien bekannt. Diese finden Sie vor allem rund um Denneweg und Noordeinde. Das Zentrum der Haute Couture, der exklusiven Schuhgeschäfte und der edlen Juweliere befindet sich in der Nähe des königlichen Paleis Noordeinde, in der Umgebung von Hoogstraat, Molenstraat und am Platz „Plaats". An der Oude Molstraat, der Prinsestraat und Noordeinde, ebenso wie am Denneweg, am Plaats, an der Frederikstraat und an der Javastraat stoßen Sie auch auf kleinere, schrägere und ausgefallenere Boutiqen, Wohndesignshops und Feinkostgeschäfte. Die Frederik Hendriklaan gehört zu den schönsten Einkaufsstraßen der Niederlande. Die „Fred", wie die Einheimischen sie nennen, befindet sich im Viertel Statenkwartier. Die Bandbreite der hier angesiedelten Läden ist sehr groß. Hier finden Sie alles – von Mode bis Wohnungseinrichtung, vom Bettenspezialisten bis hin zu kulinarischen Delikatessen. Ihnen stehen über hundert Geschäfte zur Auswahl.

route 1

Binnenhof, Passage, Chinatown und Haagse Toren

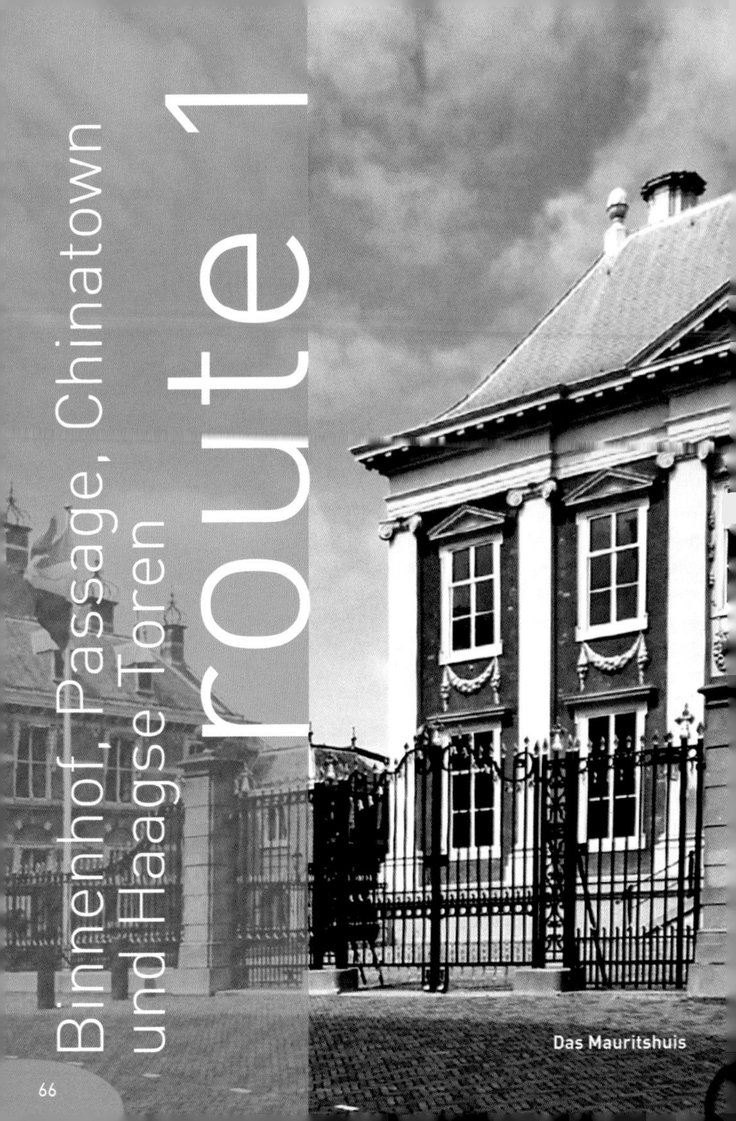

Das Mauritshuis

Der erste Spaziergang führt entlang aller Highlights von Den Haag. Entspannen Sie in einem der netten Straßencafés am Plein (Platz) oder genießen Sie die Aussicht vom Haagse Toren (Turm von den Haag). Erleben Sie Geschichte und Politik am Binnenhof und unternehmen Sie einen Einkaufsbummel in den hübschen Gassen rund um den Platz Spui oder in der Passage.

Gleich nachdem Sie den Bahnhof Den Haag Centraal verlassen haben, lädt Sie das Einkaufszentrum Babylon zum Shoppen ein. In den zahlreichen Hochhäusern rund um den Hauptbahnhof befinden sich auch viele Ministerien. Lassen Sie Den Haag Centraal hinter sich und überqueren Sie den Koningin Julianaplein (Königin-Juliana-Platz). Gehen Sie über die Straße und dann weiter entlang der Herengracht bis zur Kreuzung. Hier überqueren Sie die Straße und gehen weiter auf der Straße Korte Poten. Gehen Sie hier so lange weiter geradeaus, bis Sie bei Het Plein (Platz) angekommen sind.

Hier erwarten Sie viele kleine, hübsche Bars und Restaurants und am Plein spielt sich auch ein Teil des Den Haager Nachtlebens ab.Wegen seiner Nähe zum Binnenhof, zu vielen Regierungsgebäuden und zum Parlament finden auf diesem Platz auch viele politische Protestveranstaltungen und Demonstrationen statt. Mitten auf dem Platz steht auf einem hohen Podest eine Statue von Wilhelm von Oranien. In seiner linken Hand hält der Prinz ein Dokument mit den Namen der Städte, die sich der niederländischen Revolution gegen die Spanier angeschlossen haben.

Überqueren Sie den Plein und biegen Sie nach links zum Mauritshuis ab.Das Museum ist eines der berühmtesten Ausstellungsorte für Gemälde aus dem Goldenen Zeitalter der Niederlande. Neben dem Mauritshuis sehen Sie Het Torentje (das Türmchen), das zum Binnenhof gehört. Im Torentje befindet sich das Büro des niederländischen Premierministers.

Wenn sie jetzt geradeaus gehen, kommen Sie zum Binnenhof. Der Binnenhof ist ein Gebäudekomplex, der seit Jahrhunderten das Zentrum der niederländischen Politik bildet. Im Ridderzaal (Rittersaal) im Binnenhof kam einst das Parlament zusammen. Am Prinsjesdag (Prinzentag) kommt der König hierher, um die Thronrede zu verlesen. Die Ursprünge des Binnenhofs gehen auf den Bau einer

Burg im Auftrag der Grafen von Holland zurück. Diese hatten seit dem 13. Jahrhundert in Den Haag residiert. Später folgten erst die „Stadshouders" und dann das Parlament des Königreichs der Niederlande diesem Vorbild. Sie entscheiden sich für Den Haag, weil es den Status eines Verwaltungszentrums besaß. Wenn Sie den Innenhof am Ende überqueren, verlassen Sie den Binnenhof. Zu Ihrer rechten sehen Sie jetzt das Gewässer, das unter dem Namen Hofvijver bekannt ist. Das gegenüberliegende Ufer ist eine hervorragende Stelle, um sich zu entspannen und die Umgebung zu genießen.
Direkt vor dem Tor des Binnenhofs am Hofvijver steht ein Reiterstandbild von König Wilhelm II. Dieser war vom 7. Oktober 1840 bis zu seinem Tod im Jahre 1849 König der Niederlande.

Wenn Sie den Hofweg überqueren, befinden Sie sich auf dem Buitenhof, dem berühmten Den Haager Platz mit seinen zahlreichen Ausgehmöglichkeiten. Jetzt biegen Sie nach rechts ab und gehen dann am Gevangenpoort (Gefängnistor) und an der Galerij Prins Willem V vorbei. Laufen Sie unter dem Bogen hindurch und geradeaus weiter. Zu Ihrer Linken befindet sich De Plaats, einer der ältesten Plätze von Den Haag. Auf diesem Platz steht ein Standbild von Johan de Wit. Im Goldenen Zeitalter war er als Ratspensionär der Grafschaft Holland für 19 Jahre der dominierende niederländische Staatsmann. Am Plaats befinden sich viele schöne Geschäfte.
Von hier aus können Sie in Richtung Noordeinde (Route 2) gehen oder die vielen anderen schönen Einkaufstraßen wie die Flemingstraat, die Venestraat und die Schoolstraat erkunden. Am Platz Dagelijkse Groenmarkt finden Sie das Oude Stadhuis (Altes Rathaus), das aus zwei Teilen besteht. Der erste Teil stammt aus dem Jahre 1565 und die Erweiterung an der Vorderseite wurde 1733 errichtet.
Hier gibt es eine große Auswahl an Geschäften und somit dürfte jeder fündig werden. Vergessen Sie auch nicht, in der Passage vorbeizuschauen. In diesem wunderschönen, historischen Einkaufszentrum erwarten Sie zahlreiche attraktive Geschäfte. Auch der Einkaufsbereich Haagsche Bluff ist einen Besuch wert.

Am Kerkplein können Sie die Grote Kerk (Große Kirche) bewundern - die älteste Kirche der Stadt.
Von der Schoolstraat gehen Sie weiter zum Grote Markt.Hier finden Sie viele kleine, charmante Bars und Restaurants.Außerdem steht auf dem Platz eine Statue der Comicfigur Haagse Harry, die der Künstler Marnix Rueb (1955-2014) erdacht hat. Die Serie hatte 1991 Premiere und dreht sich um einen typischen Den Haager, der im lokalen Dialekt spricht.
Gehen Sie von hier aus weiter nach links an der Grote Marktstraat entlang, vorbei am Warenhaus Bijenkorf und bis zum Platz Spui.
Auf der gegenüberliegenden Seite des Spui liegen das Rathaus und das Tourismusbüro VVV. Wegen seines beeindruckenden Atriums wird das Rathaus auch

„Eispalast" genannt. Am Spui gehen Sie nach rechts und folgen der Gedempte Gracht zur Nieuwe Kerk und in die Chinatown. Die meisten der chinesischen Geschäfte und Restaurants liegen in der Umgebung der Wagenstraat, hinter dem Bijenkorf.
Das heutige chinesische Viertel der Stadt war früher das Judenviertel. Nach dem Zweiten Weltkrieg stand dieses Gebiet weitgehend leer und war verarmt. In den 1970er Jahren beschloss die Gemeinde, das Viertel zu renovieren. Danach ließen sich nach und nach immer mehr Chinesen hier nieder. Die Chinatown Foundation organisiert verschiedene Feste, unter anderem das chinesische Neujahrsfest.

Wenn Sie der Wagenstraat folgen, können Sie schon von weitem den Haagse Toren (Turm von Den Haag) erkennen. Gehen Sie über den Stationsweg, um den Turm zu erreichen. Dort können Sie eine wunderschöne Aussicht über Den Haag und seine Umgebung genießen.
Auf der obersten Etage befindet sich das Penthouse des Haagse Toren, wo sie eine Mahlzeit oder ein Getränk bestellen können.Dies ist das höchste Restaurant der Niederlande.

Von hier aus können Sie über den Stationsweg und die Wagenstraat zurück ins Stadtzentrum von Den Haag laufen. Alternativ halten (unter anderem) die Straßenbahnen 9 und 17 vor dem Haagse Toren. Mit diesen können Sie zurück zum Bahnhof Den Haag Centraal fahren. Darüber hinaus haben Sie die Möglichkeit, vom nahe gelegenen Bahnhof Hollands Spoor einen Zug nach Leiden oder Delft zu nehmen.

Essen & Trinken:
1 De Tijd
2 Millers
3 Hudson Bar & Kitchen
4 Bar & Restaurant Pavlov
5 Penthouse im Haagse Toren

Einkaufen:
1 Steltman
2 Cosmania
3 Museumshop
4 Bijenkorf
5 Jewelz
6 Emma Joe Loves Live

Das müssen Sie sehen:
1 Plein
2 Mauritshuis
3 Binnenhof
4 Galerij Prins Willem V
5 Gevangenpoort
6 Die Passage
7 Museum Bredius
8 Haags Historisch Museum
9 Die Grote Kerk (Große Kirche)
10 Das alte Rathaus
11 Die Nieuwe Kerk (Neue Kirche)
12 Chinatown
13 Haagse Toren

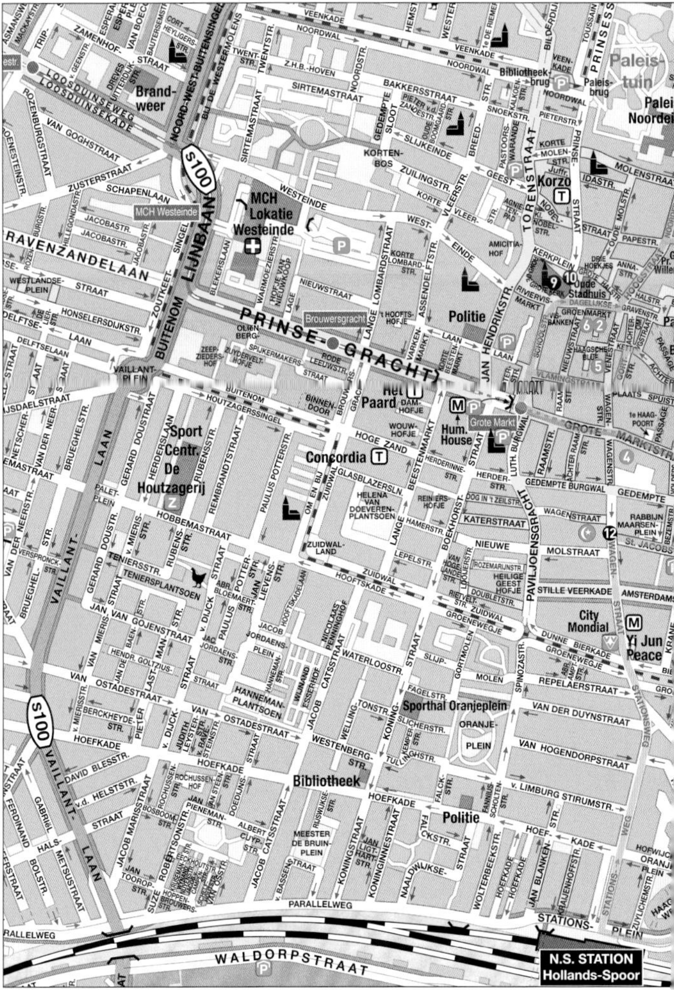

VEENKADE
NOORDWAL
Z.H.B.-HOVEN
SIRTEMASTRAAT
BAKKERSSTRAAT
Bibliotheek-brug
Paleis-brug
Paleis-tuin
Paleis Noordeinde
NOORDWAL
PIETERSTR.
SNOEKSTR.
Brand-weer
LOOSDUINSEWEG
LOOSDUINSEKADE
NOORD-WEST-BUITENSINGEL
VAN GOGHSTRAAT
ZUSTERSTRAAT
SCHAPENLAAN
S100
LIJNBAAN
MCH Westeinde
MCH Lokatie Westeinde
WESTEINDE
KORTEN-BOS
ZUILINGSTR.
SLIJKEINDE
GEEST
Korzo
TORENSTRAAT
MOLENSTRAAT
IDASTR.
PAPESTR.
JACOBASTR.
RAVENZANDELAAN
WESTLANDSE-PLEIN
STRAAT
HONSELERSDIJKSTR.
DELFTSELAAN
NIEUWSTRAAT
Brouwersgracht
PRINSE-GRACHT
Politie
JAN HENDRIKSTR.
KERKPLEIN
Oude Stadhuis
DAGELIJKSE
GROENMARKT
VAILLANT-PLEIN
BUITENOM
BUITENOM
HOUTZAGERSSINGEL
Het Paard
Hum. House
Grote Markt
GROTE MARKTSTR.
HOGE ZAND
Concordia
Sport Centr. De Houtzagerij
REMBRANDTSTRAAT
PAULUS POTTERSTR.
HOBBEMASTRAAT
GLASBLAZERSLN.
HELENA VAN DOEVEREN-PLANTSOEN
BEESTENMARKT
KATERSTRAAT
WAGENSTRAAT
GEDEMPTE BURGWAL
NIEUWE MOLSTRAAT
ZUIDWAL-LAND
ZUIDWAL
HOOFTSKADE
PAVILJOENSGRACHT
STILLE VEERKADE
AMSTERDAMSE
City Mondial
Yi Jun Peace
DUNNE BIERKADE
GROENEWEGJE
REPELAERSTRAAT
VAN DER DUYNSTRAAT
VAN HOGENDORPSTRAAT
v. LIMBURG STIRUMSTR.
ORANJE-PLEIN
Sporthal Oranjeplein
WATERLOOSTR.
TENIERSSTR.
TENIERSPLANTSOEN
JAN VAN GOJENSTRAAT
VAN OSTADESTRAAT
VAN OSTADESTRAAT
WESTENBERG-STR.
Bibliotheek
HOEFKADE
HOEFKADE
HOEFKADE
Politie
VAILLANT-LAAN
VAILLANT-LAAN
DAVID BLESSTR.
v.d. HELSTSTR.
PARALLELWEG
WALDORPSTRAAT
STATIONS-PLEIN
STATIONSWEG
N.S. STATION Hollands-Spoor

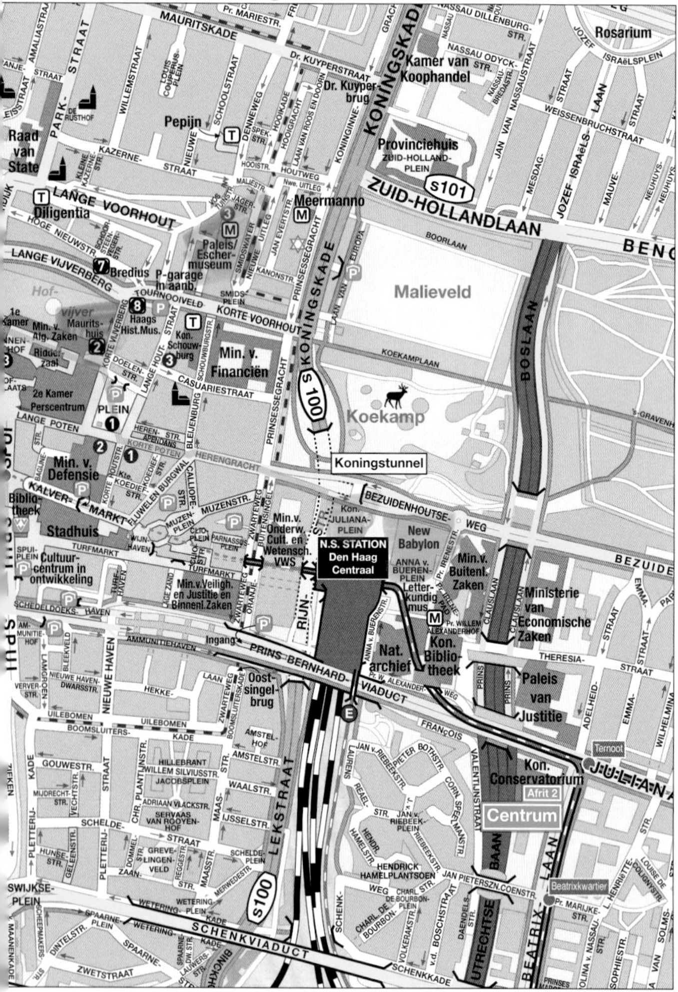
MAURITSKADE
Pr. MARIESTR.
Dr. KUYPERSTRAAT
KONINGSKADE
NASSAU DILLENBURG-STR.
NASSAU ODYCK-STR.
Rosarium
ISRAëLSPLEIN
Kamer van Koophandel
Dr. Kuyper-brug
Provinciehuis
ZUID-HOLLAND-PLEIN
S101
ZUID-HOLLANDLAAN
WEISSENBRUCHSTRAAT
JAN VAN NASSAUSTRAAT
MESDAG-
JOZEF ISRAëLS-LAAN
MAUVE-
NEUHUYS-
BENO
Raad van State
PARK-STRAAT
AMALIASTRAAT
DE RUSTHOF
WILLEMSTRAAT
LOUIS COUPERUS-PLEIN
SCHOOLSTRAAT
Pepijn
NIEUWE
DENNEWEG
SPEK-STR.
HOOIKADE
HOOIGRACHT
LAAN VAN ROOS EN DOORN
KONINGINNE-
KAZERNE-STRAAT
HOOISTR.
HOUTWEG
Nwe. UITLEG
MALIESTR.
LANGE VOORHOUT
Diligentia
HOGE NIEUWSTR.
JAGER-STR.
Meermanno
Paleis/Escher-museum
SMIDSWATER
NIEUWE UITLEG
JAN EVERTSTR.
PRINSESSEGRACHT
LAAN VAN EUROPA
BOORLAAN
Malieveld
BOSLAAN
LANGE VIJVERBERG
Bredius
P-garage in aanb.
KANONSTR.
SMIDS-PLEIN
TOURNOOIVELD
KORTE VOORHOUT
Hof-vijver
1e Kamer
Min. v. Alg. Zaken
Maurits-huis
Haags Hist.Mus.
Kon. Schouw-burg
Min. v. Financiën
KOEKAMPLAAN
Ridder-zaal
DOELEN-STR.
LANGE HOUT-STRAAT
CASUARIESTRAAT
S 100
Koekamp
'S-GRAVENH
2e Kamer
Perscentrum
PLEIN
LANGE POTEN
HEREN-STR.
APENDANS
KORTE POTEN
BLEIJENBURG
HERENGRACHT
Koningstunnel
Min. v. Defensie
KALVER-MARKT
KOEDIEF-STR.
FLUWELEN BURGWAL
CALLIOPE-STR.
MUZENSTR.
ZWARTEWEG
BUITENSINGEL
BEZUIDENHOUTSE-WEG
Biblio-theek
Stadhuis
MUZEN-PLEIN
CLIO-PLEIN
PARNASSUS-PLEIN
Min.v. Onderw. Cult. en Wetensch. VWS
Kon. JULIANA-PLEIN
New Babylon
TURFMARKT
SPUI-PLEIN
Cultuur-centrum in ontwikkeling
TURF-HAVEN
N.S. STATION Den Haag Centraal
ANNA v. BUEREN-PLEIN
Min.v. Buitenl. Zaken
BEZUIDE
Min.v.Veiligh. en Justitie en Binnenl.Zaken
Letter-kundig mus.
Ministerie van Economische Zaken
CLAUSLAAN
SCHEDELDOEKS-HAVEN
RIJN-STR.
Pr. WILLEM ALEXANDERHOF
ANNA v. BUERENSTR.
SPUI
AMMUNITIEHAVEN
Ingang
PRINS BERNHARD-VIADUCT
Nat. archief
Kon. Biblio-theek
THERESIA-STRAAT
BLEEKVELD
LAMGROEN
NIEUWE HAVEN
NIEUWE HAVEN-DWARSSTR.
HEKKE-
LAAN
Oost-singel-brug
Paleis van Justitie
VERVER-STR.
UILEBOMEN
BOOMSLUITERS-KADE
AMSTEL-HOF
FRANçOIS
VALENTIJNSTRAAT
ADELHEID-
EMMA-
WILHELMINA
Ternoot
GOUWESTR.
HILLEBRANT
WILLEM SILVIUSSTR.
JACOBSPLEIN
AMSTELSTR.
WAALSTR.
LEKSTRAAT
JAN v. RIEBEEKSTR.
PIETER BOTHSTR.
Kon. Conservatorium
JULIANA
Afrit 2
Centrum
MIJDRECHT-STR.
VECHTSTR.
CHR. PLANTIJNSTR.
ADRIAAN VLACKSTR.
SERVAAS VAN ROOYEN-HOF
IJSSELSTR.
MAAS-
REAEL-STR.
JAN v. RIEBEEK-PLEIN
CORN. SPEELMANSTR.
SCHELDE-STRAAT
PLETTERIJ-
HUNSE-STR.
GELEENSTR.
DOMMEL-STR.
GREVE-LINGEN-VELD
REGGESTR.
MAASSTR.
SCHELDE-PLEIN
MERWEDESTR.
HENDRICK HAMELPLANTSOEN
JAN PIETERSZN.COENSTR.
HENDR. HAMELSTR.
BAAN
LAAN
Beatrixkwartier
SWIJKSE-PLEIN
ZAAN-STR.
WETERING-PLEIN
WEG
CHARL. DE BOURBON-PLEIN
CHARL. DE BOURBON-
BOSCHSTRAAT
DAENDELS-STR.
UTRECHTSE
BEATRIX-
Pr. MARIJKE-STR.
L. HENRIëTTE-
LOUISE DE COLIGNYSTR.
SPAARNE-PLEIN
WETERING-
SCHENKVIADUCT
SCHENK-
VOLKERAKSTR.
SCHEEPMAKERS-STR.
DINTELSTR.
SPAARNE-
SPAARNE
DW. STR.
LAUWERS-STR.
ZWETSTRAAT
MANENKADE
SCHENKKADE
v.d. BOSCHSTRAAT
PRINSES MARG
OLINA v. NASSAU-STR.
SOPHIESTR.
VAN
SOLMS-

Das Mauritshuis, Torentje und Parlament

Plein
Het Plein (der Platz) ist der Hauptplatz im Zentrum von Den Haag. Der Plein geht auf das Jahr 1632 zurück und wurde nach dem Vorbild des Place Royale in Paris angelegt. An den Plein grenzen der Binnenhof und das Mauritshuis an. An diesem schönen Platz können Sie sehr gut etwas essen oder trinken.

Das Mauritshuis
Das Mauritshuis ist eines der wichtigsten Kunstmuseen in Den Haag. Hier erhalten Sie eine umfassende Einführung in die niederländische und flämische Kunst. In diesem einzigartigen Palast aus dem 17. Jahrhundert machen Sie Bekanntschaft mit dem „Mädchen mit dem Perlenohrring" von Jan Vermeer. Entdecken Sie den „Garten Eden mit dem Sündenfall" von Peter Paul Rubens und von Jan Brueghel dem Älteren, den „Stier" von Paulus Potter und die „Anatomie des Dr. Tulp". **Adresse**: Plein 29, www. mauritshuis.nl, Eintritt: Erwachsene € 14, für Kinder (unter 18 Jahren) ist der Eintritt frei. Öffnungszeiten: Mo 13:00-18:00 Uhr, Di-Mi, Fr-So 10:00-18:00 Uhr und Do 10:00-20:00 Uhr.

Der Binnenhof
Der Binnenhof (Innenhof) befindet sich mitten im ältesten Teil von Den Haag. Die Gruppe von Gebäuden ist rund um einen großen, zentralen Innenhof angeordnet. Die Ursprünge des Komplexes reichen bis in das Jahr 1250 zurück. Einst war dies die Residenz der herrschenden Adelsklasse. Heute befinden sich beide Kammern des niederländischen Parlaments im Binnenhof. Zu den wichtigsten Gebäuden zählt der repräsentative Ridderzaal (Rittersaal), der noch immer für Veranstaltungen und Empfänge genutzt wird. Das Büro des Premierministers befindet sich in dem kleinen Turm an der nördlichen Ecke. Er wird einfach „Torentje" (Turm) genannt. Zu den weiteren Highlights gehört die Erste Kammer. Diese ist für ist für ihre Deckengemälde bekannt, die Staatsmänner und ein Portrait König Wilhelms II. unter dem Landeswappen zeigen. Der ehemalige Ballsaal diente von 1815 bis 1992 als Sitz der Zweiten Kammer der Niederlande, dem Gesetzgebungsorgan, das die Regierung kontrolliert.

Das politische System

Das politische System der Niederlande ist eine konstitutionelle Monarchie. Das ist hier, wie meist eine parlamentarische Demokratie mit einem Staatsoberhaupt (dem König, der nur zeremonielle Macht hat) und einem Regierungschef (dem Premierminister).
Seit 1815 sind die Niederlande eine konstitutionelle Monarchie. Die konstitutionelle Monarchie ist eine Regierungsform, bei der der Monarch nur innerhalb des Rahmens einer volksherrschaftlichen Verfassung als Staatsoberhaupt fungiert. Seine Richtlinien sind in der Regel kodifiziert, also im Gesetzestext festgeschrieben. Unkodifizierte Auslegungen weisen dem König auch Handlungsfelder zu, die aus Absprachen hervorgehen können.

Die Niederlande sind seit 1848 auch eine parlamentarische Demokratie. Damit bezeichnet man eine Regierungsform, bei dem die Wähler ein Parlament bestimmen, welches dann die Regierung bildet.

König Willem-Alexander von Oranien-Nassau ist das nominelle Staatsoberhaupt der Niederlande. Der König hat verschiedene, meist repräsentative Aufgaben. Die Stellung des Königs ist in der Verfassung festgelegt. Er bildet gemeinsam mit den Ministern die Regierung. König Willem-Alexander ist seit 2013 Staatsoberhaupt des Königreichs der Niederlande.

Premierminister ist Mark Rutte, Parteichef der liberalen VVD. Die Partei mit den meisten Wählerstimmen stellt den Regierungschef.

Aktuell setzt sich die niederländische Regierung aus einer Koalition zwischen der rechtsliberalen VVD (Volkspartei für Freiheit und Demokratie) und der sozialdemokratischen PvdA (Partei der Arbeit) zusammen. In den Niederlanden gibt es ein Mehrparteiensystem. Alle vier Jahre wird ein neues Parlament gewählt. Das Parlament besteht aus einem Senat und einem Abgeordnetenhaus. Das niederländische Parlament, das sich im Binnenhof in Den Haag versammelt, wird auch als Generalstaaten (Staten-Generaal) bezeichnet. Die Generalstaaten und die Minister entwerfen Gesetze und überwachen deren Einhaltung, während der Senat die Aufgabe hat, das Abgeordnetenhaus zu kontrollieren.

ProDemos

ProDemos organisiert Führungen durch die verschiedenen Gebäude am Binnenhof. Seit Jahrhunderten schlägt im Den Haager Binnenhof das politische Herz der Niederlande - und das ist bis heute so geblieben. Das Herzstück des Binnenhofs ist zweifellos der Ridderzaal (Rittersaal). Die Touren beginnen mit einem Film über die Geschichte des Binnenhofs. Anschließend geht es durch den Ridderzaal und/oder die Erste und/oder Zweite Kammer des niederländischen Parlaments. **Adresse**: Hofweg 1, www.english.prodemos.nl, Öffnungszeiten: Mo-Sa 9:00-17:00 Uhr.

Die Erste Kammer

Das niederländische Parlament

Galerij Prins Willem V

Diese Galerie vermittelt Ihnen einen Eindruck von Stil des 18. Jahrhunderts. Im Jahre 1774 ließ Statthalter Wilhelm V. die Gemälde aus seiner Sammlung in diesem Gebäude aufhängen. Die Wände in der Galerie sind vom Boden bis zur Decke mit über 150 Gemälden behangen. Die Sammlung umfasst unter anderem Arbeiten von niederländischen und flämischen Meistern wie Gerard van Honthorst, Paulus Potter, Peter Paul Rubens und Jan Steen. Die Galerie von Prinz Wilhelm V. gehört zum Mauritshuis.
Adresse: Buitenhof 33, www.mauritshuis.nl, Eintritt: Erwachsene € 5 und Kinder (unter 12 Jahren) € 2,50. Öffnungszeiten: Di-So 12:00-17:00 Uhr.

Gevangenpoort

An der Nordseite des Binnenhofs befindet sich der Gevangenpoort. Das gut erhaltene Gebäude wurde 1296 als Wachstube gebaut. Der Gevangenpoort erzählt die spannende Geschichte von Verbrechen und Strafe in vergangenen Zeiten. Die Wachstube diente zwischen 1428 und 1828 als Gefängnis. Hier wurden viele bekannte Regenten gefangen gehalten. Seit 1882 beherbergt das mittelalterliche Gefängnis ein Museum. Die Geschichte des Museums im Gevangenpoort reicht 700 Jahre zurück und es gehört zu den 100 wichtigsten Sehenswürdigkeiten der Niederlande. Im Laufe der Jahrhunderte saßen hier berühmte und weniger berühmte Gefangene – arme Bettler ebenso wie Regenten – im Kerker. Zu den bekanntesten Inhaftierten gehörten Cornelis de Witt, der wegen Verschwörung gegen Wilhelm III. von Oranien angeklagt war, sowie Abraham de Wiquefort, eine Art James Bond des 17. Jahrhunderts. Im Auftrag der Richter wurden die Gefangenen regelmäßig in der Folterkammer bestraft. **Adresse**: Buitenhof 33, www.gevangenpoort.nl/en, Eintritt: Erwachsene € 7,50 und Kinder (bis 12 Jahre) € 5,50, Öffnungszeiten: Di-Fr 10:00-17:00 Uhr, Sa-So 12:00-17:00 Uhr.

Passage Den Haag

Die Passage ist das älteste Einkaufszentrum der Niederlande und gehört zum UNESCO-Welterbe. Sie wurde im Jahre 1885 im Stile der Neorenaissance erbaut und 1929 folgte der Anbau eines weiteren Flügels. Die Passage wurde nach Pariser Vorbild gestaltet. In der schönen Umgebung mit ihren Arkaden, Glaskuppeln, Gängen und gemeißelten Fassaden erwarten Sie luxuriöse Geschäfte und Restaurants.

Humanity House

Im Museum Humanity House erfahren Sie mehr darüber wie es ist, eine Katastrophe oder einen Konflikt zu erleben. Durch Veranstaltungen und Wechselausstellungen werden entsprechende Themen ins Bewusstsein gebracht.
Adresse: Prinsegracht 8, www.humanityhouse.org. Eintritt: Erwachsene € 7,50, Jugendliche von 13 bis 18 Jahren € 5 und freier Eintritt für Kinder unter 12 Jahren. Öffnungszeiten: Di-Fr 10:00-17:00 Uhr und Sa-So 12:00-17:00 Uhr.

Destillerie Van Kleef

Mitten im historischen Zentrum finden Sie die einzige Gin- und Geneverbrennerei der Stadt, die heute noch in Betrieb ist. Die im Jahre 1842 gegründete Destillerie Van Kleef ist mittlerweile ein Geschäft und ein Museum. **Adresse**: Lange Beestenmarkt 109, www.vankleef.eu, Öffnungszeiten: Di-Sa 10:00-18:00 Uhr und So 13:00-18:00 Uhr. Angaben zu den Preisen der Arrangements finden Sie auf der Website von Van Kleef.

Die Grote Kerk

Schon von weitem fällt der Glockenturm der Grote Kerk (Große Kirche) ins Auge. Die Ursprünge dieses auch als Kirche des heiligen Jakobus bekannten Gebäudes gehen auf das 14. Jahrhundert zurück. Gemeinsam mit dem Binnenhof ist die Kirche eines der ältesten Gebäude in Den Haag. Die Grote Kerk hat Buntglasfenster, eine große Orgel und mehrere Gedenksteine. Mit seinen 93 Metern ist der sechseckige Turm der Grote Kerk einer der höchsten Kirchtürme der Niederlande. **Adresse**: Rond de Grote Kerk 12, www.grotekerdenhaag.nl.

Museum Bredius

Entdecken Sie dieses versteckte Juwel am Gewässer des Hofvijver. Das Museum Bredius befindet sich in einem Herrenhaus des 18. Jahrhunderts, bietet aber viel mehr als nur einen Blick auf die Inneneinrichtung aus früheren Zeiten. Die Werke bekannter Künstler, darunter Rembrandt, Jan Steen und Albert Cuyp, werden Sie begeistern. Die Sammlung wurde vom ehemaligen Direktor der königlichen Gemäldegalerie (Mauritshuis) und Kunstliebhaber Abraham Bredius (1855-1946) zusammengetragen. Nach seinem Tod vermachte er seine komplette Sammlung mit über 200 Gemälden der Stadt Den Haag. Den Bemühungen anderer Kunstfreunde ist es zu verdanken, dass seine Sammlung bis heute der Öffentlichkeit zugänglich ist. **Adresse**: Lange Vijverberg 14, www.museumbredius.nl, Eintritt: Erwachsene € 6, freier Eintritt für Kinder (unter 18 Jahren), Öffnungszeiten: Di-So 11:00-17:00 Uhr

Haags Historisch Museum

Das Haags Historisch Museum (Historisches Museum Den Haag) befindet sich am Hofvijver im historischen Stadtzentrum. Das Museum informiert Sie über die Geschichte der Stadt, seine Regierung und seine Bewohner.
Es verfügt über eine vielseitige Sammlung. Dazu gehören das fast 5 Meter lange Panorama von Den Haag von Jan van Goyen, die hübsch eingerichteten Puppenstuben von Lita de Ranitz oder Kuriositäten wie die Zunge und Finger der Gebrüder De Witt. **Adresse**: Korte Vijverberg 7, www.haagshistorischmuseum.nl, Eintritt: Erwachsene €7,50, Kinder von 6 bis 17 Jahren €2,50 und freier Eintritt für Kinder bis 5 Jahre.

Millers

Mitten im Herzen des historischen Zentrums von Den Haag erwartet Sie das Millers, eines der größten Lokale in der Stadt. Zum Mittagessen genießen Sie hier einen Snack, am Abend ein luxuriöses Dinner oder einfach nur ein Getränk. Von der Terrasse aus können Sie wunderbar die bunte Mischung aus Politikern, Stadtbewohnern und Touristen beobachten, die hier alle über den Platz schlendern.
Die Fusion-Küche gibt Ihnen die Möglichkeit, verschiedene internationale Gerichte auszuprobieren. Dazu können Sie aus 40 verschiedenen Weinsorten wählen, die Sie jeweils pro Glas bestellen können. Neben

dem reichhaltigen Weinangebot glänzt das Millers auch mit den vielen verschiedenen Cocktails - von den Klassikern über die tropischen Varianten bis hin zu Gin Tonics.

Am Wochenende verwandelt sich das Millers in einen der besten Clubs der Stadt. In den zwei verschiedenen Areas können Sie ganze Nächte durchtanzen.
Ihr Ausflug nach Den Haag ist nicht komplett, wenn Sie nicht im Millers waren.

Öffnungszeiten: So-Mi 10:00-01:00 Uhr, Do 10:00-04:00 Uhr, Fr-Sa 10:00-04:30 Uhr.

Plein 8 | 9 |10
+31 (0)70 362 90 43,
www.millersdenhaag.nl

Folgen Sie uns auf:
www.facebook.com/
millersdenhaag

Grand Café De Tijd

Der besonderen Lage des Grand Café DE TIJD ist es zu verdanken, dass Sie hier einen tollen Blick auf den Plein genießen. Das elegant im internationalen Stil eingerichtete Grand Café DE TIJD serviert Ihnen außergewöhnliche Gerichte und Weine. Hier bedienen Sie freundliche, serviceorientierte

Mitarbeiter. Das DE TIJD bietet ihnen zu jedem Anlass das perfekte Erlebnis.

Im DE TIJD genießen Sie von morgens bis spät abends Gerichte aus verschiedenen Ländern. Mit seinem besonderen Steakhouse-Konzept unterscheidet sich das DE TIJD von den anderen Restaurants am Platz. Hier bekommen Sie Dry-Aged-Beef von allerbester Qualität. Der spezielle Kohlegrill verleiht allen Fisch- und Fleischgerichten ein köstliches Grillaroma. Bereit für das vollstandige DE TIJD-Erlebnis? Immer freitags und samstags schickt der DJ sie mit tanzbaren Beats ins Wochende.

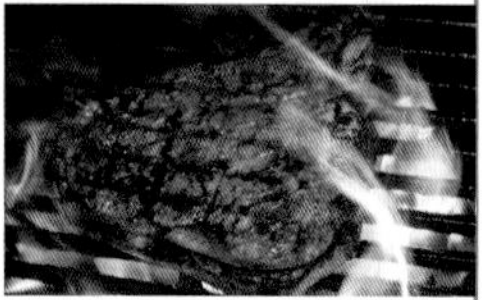

Öffnungszeiten: So-Do 10:00-01:00 Uhr, Fr-Sa 10:00-02:30 Uhr, So 10.00-00:00 Uhr.

Korte Poten 1
+(31)70 346 4612
www.grandcafedetijd,nl

Folgen Sie uns auf:
www.facebook.com/grandcafedetijd

Das Oude Stadhuis
Das im Jahre 1564 erbaute Oude Stadhuis (Altes Rathaus) besteht aus zwei Gebäuden und einem Turm, der zwischen dem 16. und 18. Jahrhundert errichtet wurde. Das Rathaus ist im Renaissancestil gestaltet. 1733 wurde es um einen Flügel im Louis-XIV-Stil erweitert. **Adresse**: Dagelijkse Groenmarkt 1

Hudson Bar & Kitchen

Das Hudson Den Haag City Centre erwartet Sie in idealer Lage mitten im Stadtzentrum von den Haag, in der Nähe von Binnenhof und Mauritshuis. Das amerikanische Restaurant hat eine tolle Atmosphäre. Es befindet sich im selben Gebäude wie der beliebte Tanzclub Danzig. Tagsüber sind die Tische gedeckt und Ihnen werden zum Mittag- und Abendessen Burger direkt vom Grill serviert.

Am Donnerstag, Freitag und Samstag werden im Hudson die Tische zur Seite geschoben, so dass Sie im Danzig die ganze Nacht durch tanzen können.

Die Wände sind mit Totenköpfen und Kunstwerken verziert, die speziell von Tinus Teder, dem Hauskünstler des Hudson, angefertigt wurden. Zum Beispiel malte er „Das Mädchen mit dem Hamburger", eine Anspielung auf das berühmte Gemälde „Das Mädchen mit dem Perlenohrring" von Vermeer.

Auf der Speisekarte des Restaurants stehen amerikanischen Klassiker wie Chili con Carne, All-American Ribs, Smashing Salmon und Smokey Beef Wrap. Die High Rollers sind die köstlichen Spezialburger des Hudson.

Es gibt acht Hudson-Restaurants, darunter zwei in Den Haag. Eines finden Sie im geschäftigen Statenkwartier auf Aert van der Goesstraat und das andere ist am Strandboulevard des Badeortes Kijkduin.

Öffnungszeiten: Mo-Mi ab 16:00 Uhr zum Abendessen, Do-So ab 12:00 Uhr zum Mittag- und Abendessen.

Lange Houtstraat 9
+31 (0)70 215 55 85
www.restauranthudson.nl

Folgen Sie uns auf www.facebook.com/HudsonDanzig

Die Nieuwe Kerk

Die Architekten Pieter Noorwits und Barthold van Bassen gestalteten die Nieuwe Kerk (Neue Kirche) im klassizistisch-barocken Stil der Niederlande. Der erste Stein wurde 1649 gelegt und die Kirche wurde 1656 fertig gestellt. Die Nieuwe Kerk beeindruckt durch ihren Reichtum an Schnitzereien aus dem 17. Jahrhundert, die Dachkonstruktion aus Eichenholz und die hohen Buntglasfenster. Heutzutage finden in der schön restaurierten Kirche Konzerte, Shows, Tagungen und Kongresse statt.

Adresse: Spui 175,
www.nieuwekerkdenhaag.nl

Die Nieuwe Kerk (Neue Kirche)

Bar & Restaurant Pavlov

Im Herzen von Den Haag erwartet Sie das Pavlov. Es befindet sich in einem denkmalgeschützten Gebäude am Spuiplein. Von diesem Restaurant ist es nicht weit bis zu verschiedenen Theatern, zu den größten Kinos und zum Arthouse-Kino. Das Pavlov ist sehr vielseitig. Hier bekommen Sie Mittagessen, Abendessen und High Tea. In der informellen Atmosphäre fühlen Sie sich sofort ganz wie zu Hause. Lassen Sie sich mit einer schönen, heißen Tasse Kaffee auf einem der Sofas am Kamin nieder oder

Öffnungszeiten:
Mo-Sa ab 10:00 Uhr, So ab11:00 Uhr. Die Küche schließt um 22:00 Uhr.

Spui 173
+(31)70 362 2700
www.pavlov-denhaag.nl

Folgen Sie uns auf:
www.facebook.com/
BarRestaurantPavlov

bestellen Sie einen Cocktail an der Bar. In den Sommermonaten sitzen Sie hier auf einer der besten Terrassen in der Stadt und genießen eine einmalige Aussicht auf die Nieuwe Kerk.

Aussicht aus dem Penthouse

Penthouse - Haagse Toren

Herzlich Willkommen in Den Haag. Sie sind eingeladen, ihre Stadttour im Penthouse im obersten Stock des Haagse Toren (Turm von Den Haag) zu beginnen oder zu beenden. Dieses vom berühmten Flat Iron Building in New York inspirierte Bauwerk mit internationaler Ausstrahlung befindet sich in zentraler Lage, neben dem Bahnhof Den Haag Hollands Spoor. Genießen Sie die atemberaubende Aussicht. Von dem 135 Meter hohen Gebäude können Sie 45 Kilometer in die Ferne blicken. Hier finden Sie nicht nur ein ausgezeichnetes Restaurant. Von den drei Stadtbalkonen können Sie wunderbar die Aussicht fotografieren. In den Apartments und Studios können Sie übernachten.

Das Restaurant ist sieben Tage die Woche geöffnet. Genießen Sie hier ein Getränk, Kaffee und Kuchen, Mittagessen, „Highest Tea", Wein oder Champagner. Das Abendessen ist reichhaltig und Sie dürfen sich auf großartige Desserts freuen. Die internationale Atmposphäre des Restaurants und die feine Küche von Küchenchef Bart Middendorp garantieren Ihnen ein unvergessliches Erlebnis. In der Sky Bar genießen Sie den ganzen Abend über ausgezeichnete Cocktails. Nach Einbruch der Dunkelheit zaubern die Fensterprojektoren tolle Special Effects. In ausgewählten Sommernächten entführen Live-DJs die Gäste des Restaurants ab 21:30 Uhr auf eine musikalische Reise. **Genießen Sie im Penthouse – hoch über der Stadt.**

Öffnungszeiten: Mo-So 12:00-23:00 Uhr
Mittagessen 12:00-15:00 Uhr
Abendessen 18:00-22:00 Uhr
Address: Rijkswijkseplein 786, Den Haag, +31(0)70 305 1000, www.thepenthouse.nl

→ Emma Joe Loves Live

Auf der Suche nach einer ganz besonderen Tasche, einem unwiderstehlichen Duft oder einem umwerfenden Schmuckstück? Entdecken Sie die überraschende und eigenwillige Kollektion von Emma Joe loves life, die sie sonst nirgendwo in den Niederlanden sehen. Darum ist Shoppen hier auch ein echtes Erlebnis! Lassen Sie sich von den immer neuen und exklusiven Stücken in der Kollektion verführen und wählen Sie Ihren eigenen Stil. **Adresse**: Dagelijkse Groenmarkt 30

→ Bella Cosa

Egal ob für Freunde, Familie oder Bekannte: bei Bella Cosa finden Sie die schönsten Geschenke. Das Sortiment ist sehr breit gefächert, so dass Sie zwischen den Taschen, Gürteln, Schmuckstücken, Wohnaccessoires und vielen weiteren Dingen sicher fündig werden. Hier können Sie alles mögliche bekommen – vom kleinen Mitbringsel bis zum Luxusgeschenk. **Adresse**: Kettingstraat 10, www.bellacosa.nl

→ Replay Store
Ein ganzer Laden voller Mode von Replay – für Jungs und für Mädchen. Der Laden ist zwar nicht groß, aber hier sind die neuesten Stücke immer als erstes zu haben! **Adresse**: Wagenstraat 23

→ Jewelz
Die kleine Boutique Jewelz gilt als der tolltste Schmuckladen von Den Haag. Mit Marken wie Amaro, Breil, Buddha to Buddha, Dior, Chicks on a Mission, Diesel und Otazu hat die Kollektion bestimmt auch für Sie etwas zu bieten. **Adresse**: Haagsche Bluf 51, www.jewelzshop.com

→ Bijenkorf
Bijenkorf ist ein renommiertes Warenhaus, das Kleidung und Schuhe der teuersten und qualitativ besten Marken verkauft. Auch die Auswahl an Kosmetika und Geschenkartikeln wie Schmuck oder Schokolade lässt kaum Wünsche offen. **Adresse**: Wagenstraat 32, www.debijenkorf.nl

→ TIPP: Museumshop
Der Museumsshop Den Haag hat ein ganz besonderes Konzept, denn dies ist der erste unabhängige Museumsshop in den Niederlanden. Er befindet sich in schöner Lage auf der Lange Voorhout im historischen Stadtzentrum von Den Haag. Hier können Sie Produkte aus verschiedenen Museen in der Stadt, wie zum Beispiel dem Gemeentemuseum und dem Mauritshuis kaufen. Unter anderem finden Sie hier Bücher, Delfter Keramik, verschiedene Kunstgegenstände und lustige Geschenke. **Adresse**: Lange Voorhout 58b, www.museumshopdenhaag.com/de, Öffnungszeiten: So-Mo 12:00-17:00 Uhr und Di- Sa 11:00-18:00 Uhr.

TIPP: De Ooievaart
Täglich gleitet das offene Rundfahrtboot De Ooievaart lautlos durch die Grachten von Den Haag. Für Touristen und Einheimische ist dies eine interessante Art und Weise, die Stadt aus einer ganz anderen Perspektive zu erleben! **Adresse**: Bierkade 18b, www.ooievaart.nl/ooievaart/rondvaarten/de/

Steltman

Steltman gehört zu den führenden Juwelieren der Niederlande und bietet seit 1917 eine hochwertige Kollektion mit modernem und klassischen Schmuck sowie mechanischen Armbanduhren.

Steltman Juwelier, Plaats 26, Den Haag
Dieser Juwelier ist auf Schmuck mit Diamanten und Edelsteinen in den verschiedensten Farben spezialisiert. Außerdem wird hier eigener, handgefertigter Markenschmuck hergestellt: die Steltman Collection®. Die Kollektion glänzt mit Meisterstücken allerhöchster Juwelierskunst. Außerdem

arbeiten die Goldschmiede mit echter Leidenschaft an Reparaturen und Restaurationen. Bei Steltman wird viel Wert auf Handwerkskunst gelegt.

Steltman Uhren, Plaats 16, Den Haag
Das Spezialgebiet dieses zweiten Geschäftes von Steltman sind mechanische Uhren aus schweizerischer, deutscher und niederländischer Fertigung. Darüber hinaus finden Sie hier eine große Auswahl an Vintage-Uhren. Neben all den Spitzenmarken sorgt auch das schöne Interieur dafür, dass dieser Laden einen Besuch wert ist.

Öffnungszeiten:
Di - Sa 10.00 - 17.00 Uhr
und jeden letzten Sonntag
des Monats.

Steltman Juwelier
Plaats 26
+(31)70 346 96 01
www.steltman.nl

Folgen Sie uns auf:
www.facebook.com/
SteltmanJuwelier.DenHaag

Das Team von Steltman besteht aus qualifizierten Edelsteinspezialisten, Diamantschleifern und Uhrenkennern.
Wenn Sie auf der Suche nach einem ganz besonderen Geschenk sind, werden Sie in einem der Läden von Steltman sicher fündig.

Sie können Steltman nicht verfehlen.
Die Boutiquen von Steltman liegen am

charakteristischen, historischen „Plaats" in Den Haag, direkt gegenüber dem Regierungsgebäude „Het Binnenhof" und dem Gewässer „De Hofvijver". Auch der Paleis Noordeinde, Sitz von König Willem-Alexander der Niederlande und Königin Maxima, ist nur wenige Schritte entfernt.

Bei Steltman wird jeder wie ein König oder eine Königin behandelt.

Steltman Uhren
Plaats 16
+(31)70 3569344

Einige unserer Schmuck- und Uhrenmarken:
Steltman, Breguet, Cartier, Chopard, Gronefeld, Nomos, Ole Lynggaard.

Passage

COSMANIA

Kennen Sie schon Korres, Peter Thomas Roth, Pai, Paula's Choice, Mario Badescu und Inglot? Diese und viele andere Marken aus den Bereichen Gesichtspflege, Körperpflege, Haarpflege, Parfum und Kosmetik können Sie im Beauty-Warenhaus COSMANIA entdecken. Es befindet sich am Eingang des Shoppinggebietes „Haagsche Bluf" am Dagelijkse Groenmarkt. COSMANIA ist das größte Geschäft für Nischenkosmetika in Den Haag. Die hier versammelten internationalen Marken sind in ihren Herkunftsländern preisgekrönt und sehr bekannt. Hier finden Sie Marken, deren Produkte mit Leidenschaft für Reinheit und aus nachhaltigen Inhaltsstoffen hergestellt werden. COSMANIA ist ein echtes Paradies für alle, die Kosmetik lieben!

Öffnungszeiten:
Mo 12:00 – 18.00 Uhr,
Di, Mi und Fr 10:00 – 18:00 Uhr,
Do 10:00 – 21:00 Uhr,
Sa 10:00 – 17:00 Uhr,
So 12:00 – 17:00 Uhr.

Dagelijkse Groenmarkt 26A
+31 (0) 70 2092230
www.cosmania.nl

Folgen Sie uns:
www.facebook.com/cosmania.nl

route 2

Denneweg, Noordeinde und Zeeheldenkwartier

Museum Esscher

Die zweite Route beginnt am berühmten Kneuterdijk. Der Name der Straße geht auf einen Deich am Wasserlauf "Haagse Beek" und einen kleinen Vogel zurück, den "Kneuter" (Hänfling). Der Kneuterdijk ist für seine Herrenhäuser und Prachtbauten bekannt. Die Straße führt L-förmig vom Buitenhof zur Lange Voorhout.

Biegen Sie vom Kneuterdijk rechts ab auf die Lange Voorhout. Diese Straße ist heutzutage vor allem deswegen bekannt, weil König Willem-Alexander und Königin Maxima hier am "Prinsjesdag" (Prinzentag) in ihrer goldenen Kutsche bis zum Binnenhof fahren, wo dann die Thronrede gehalten wird. Die Strecke, die die goldene Kutsche zurücklegt, ist von goldenen Straßenlaternen gesäumt. Da die Kutsche momentan restauriert wird, kommt Sie in den nächsten Jahren nicht zum Einsatz.
An der Lange Voorhout haben sich zahlreiche Botschaften niedergelassen und an der Nummer 54 befindet sich das berühmte Hotel Des Indes. Den bekannten Palast Lange Voorhout, heute Sitz des Escher-Museums, finden sie an der Nummer 74. Wenn Sie das Ende der Lange Voorhout erreicht haben, gehen Sie links auf die Vos in Tuinstraat. Laufen Sie geradeaus weiter bis zum Denneweg. Der Denneweg gilt als die älteste Straße von Den Haag und führt durch ein Viertel mit einer reichen Geschichte, die sich in den Gebäuden aus dem 18. Jahrhundert widerspiegelt. Gleichzeitig ist dies eine moderne, zeitgenössische Straße mit verschiedenen Geschäften und vielen Restaurants. Am Denneweg befinden sich auch mehrere Hofjes (Innenhöfe), die aus dem 18. Jahrhundert stammen. Alle haben gerade Hausnummern: Het Lisbon (Nr. 34-42) aus dem Jahre 1770, das Henriëtta-Hofje oder auch Denneweghofje (Nr. 72-83) von 1829, das Hofje van Kuypers (Nr. 144-178) von 1773 und das Susanne-Zürkann-Hofje das zwischen 1768 und 1773 erbaut wurde.

An der Kreuzung mit der Mauritskade geht der Denneweg in die Frederikstraat über. Diese ist nach

der Frederikskaserne benannt, die hier 1770 erbaut wurde. Durch diese Straße entstand damals eine bessere Verbindung zwischen der Innenstadt und dem Hafen. Die reizvolle Straße mit ihren breiten Bürgersteigen strahlt heutzutage eine nostalgische Atmosphäre aus. Auch wenn sie am Rande des Zentrums liegt, hat sie königliches Flair. Wenn Sie die Straße weiter entlang gehen, finden Sie einige schöne, original erhalten gebliebene Bauwerke mit hübschen, historischen Fassaden. Auf dieser Straße können Sie außerdem nach Herzenslust shoppen.
Am Ende der Frederikstraat gelangen Sie zur Javastraat. Hier gehen Sie nach links und dann weiter bis zur Hausnummer 17. Dort befindet sich das Louis-Couperus-Museum. Louis Couperus gehört zu den bekanntesten niederländischen Schriftstellern.
An der nächsten Straße biegen Sie nach links ab und gehen weiter geradeaus, bis sie den Platz Plein 1813 erreichen. Hier kreuzen sich die Alexanderstraat und die Sophialaan. Der Plein 1813 (der bis 1863 Willemsplein hieß), ist der Unabhängigkeitsplatz von Den Haag. In der Mitte des Platzes steht ein Denkmal. Dieses erinnert an den Sieg über Napoleon, mit dem das Ende der französischen Besatzung der Niederlande besiegelt war. Das Land erhielt die Unabhängigkeit und 1813 wurde das Königreich der Niederlande gegründet. Am 17. November 1869 enthüllte Prinz Friedrich der Niederlande das Monument.

Gehen Sie über die Alexanderstraat weiter bis zur Mauritskade. Dort biegen Sie nach rechts ab. Jetzt gehen Sie weiter geradeaus, bis sie nach links auf die Straße Noordeinde abbiegen können.
Sie haben Lust auf einen Einkaufsbummel in der Umgebung eines Königspalastes? Rund um die Einkaufsstraße Noordeinde in Den Haag ist das möglich. Hier finden Sie zahlreiche Geschäfte der gehobenen Kategorie und Sie können einen ganz besonderen Shoppingtag erleben. Die exklusiven Läden finden Sie auf den Straßen Noordeinde, Heulstraat und Hoogstraat.
Auf der gegenüberliegenden Seite des Palastes steht der "Postzegelboom" (Briefmarkenbaum). Er wurde um das Jahr 1883 gepflanzt. Der Ursprung des Namens ist einfach zu erklären: Unter diesem Baum trafen sich Briefmarkensammler, um Briefmarken zu tauschen, zu kaufen und zu verkaufen. Neben dem Palast befindet sich das Gebäude an der Noordeinde 66. Dort hat Prinz Willem-Alexander früher gewohnt. Auf der anderen Straßenseite sehen Sie die Waalse Kerk. Diese Kirche ist ein Geschenk von Louis Bonaparte. Im Jahre 1845 ließ König Wilhelm II ein Reiterstandbild von Wilhelm von Oranien, dem Vater der Nation, vor dem Palast aufstellen.
Gehen Sie vom Paleis Noordeinde weiter geradeaus. Biegen Sie dann nach rechts ab, um die Molenstraat, die Papenstraat, die Torenstraat und die Prinsestraat zu erkunden. Diese Umgebung nennt man auch "Hofkwartier". Nirgendwo sonst in der Stadt finden Sie eine größere Bandbreite an

Geschäften als in diesem Viertel. Hier wird jeder fündig. Wenn Sie in der Nähe der Prinsestraat sind, können Sie weiter geradeaus bis zum Paleistuin (Palastgarten) gehen. Hier können Sie eine erholsame Pause einlegen, bevor Sie Ihre Erkundungstour durch das schöne Den Haag fortsetzen. Am Ende der Prinsessewal gelangen Sie zur Kreuzung mit dem Hogewal. Wenn Sie diesem nach rechts folgen, kommen Sie zu den königlichen Stallungen. Diese sind leider nicht öffentlich zugänglich.

Nachdem Sie die Ampelkreuzung m Hogewal überquert haben, begeben Sie sich in das Viertel "Zeeheldenkwartier". Diese Gegend gehört zu den lebendigsten von Den Haag und befindet sich direkt am Rande der Innenstadt. Die wichtigsten Einkaufsstraßen hier sind die Piet Heinstraat, die Prins Hendrikstraat, die Zoutmanstraat und die Anna Paulownastraat. Dort finden Sie verschiedene nette Möbelgeschäfte, trendige Designläden, kleine Kleiderboutiquen, Supermärkte und zahlreiche Spezialgeschäfte mit besonderen Angeboten. Zu den Sehenswürdigkeiten gehören das Panorama Mesdag, die Sammlung Mesdag, das Museum für Kommunikation (das leider wegen Renovierung vorübergehend geschlossen ist), sowie der berühmte Friedenspalast, der sich ganz in der Nähe des Zeeheldenkwartier befindet.

Vom Zeeheldenkwartier aus gelangen Sie am einfachsten wieder zurück ins Zentrum, wenn Sie den wselben Weg zurück laufen. Eine andere Möglichkeit: Sie gehen von hier aus weiter in Richtung Statenkwartier (Route 3). Vom Friedenspalast können Sie außerdem mit der Straßenbahn 1 in Richtung Scheveningen fahren.

Essen & Trinken:

1 Walter Benedict
2 Guliano
3 The Pasta Canteen
4 Cafe Blossom

Einkaufen:

1 Marina Rinaldi
2 La Casa del Habano
3 Senso
4 Studio 40
5 De Galerie Den Haag
6 Scotch & Soda

Das müssen Sie sehen:

1 Lange Voorhout
2 Museum Meermano
3 Museum Escher
4 Panorama Mesdag
5 Noordeinde
6 Paleistuin (Palastgarten)
7 Museum Louis Couperus
8 Sammlung Mesdag
9 Friedenspalast

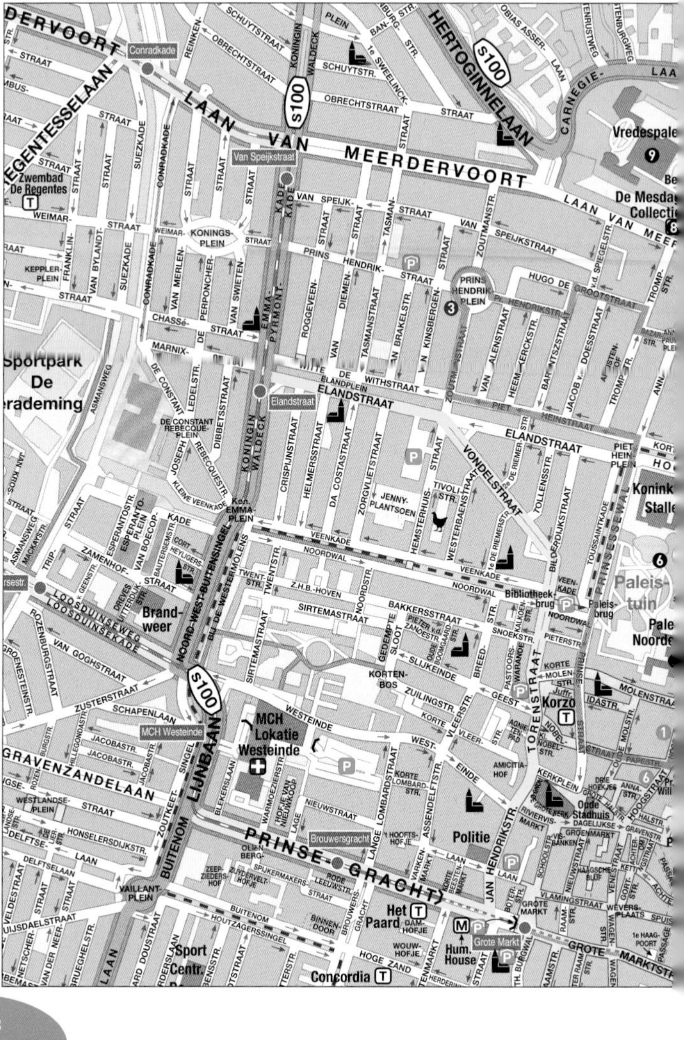
LAAN VAN MEERDERVOORT
Conradkade
REGENTESSELAAN
Van Speijkstraat
S100
HERTOGINNELAAN
SCHUYTSTRAAT
OBRECHTSTRAAT
KONINGIN EMMAKADE
WALDECK PYRMONTKADE
Vredespaleis
De Mesdag Collectie
Zwembad De Regentes
KONINGSPLEIN
PRINS HENDRIKSTRAAT
PRINS HENDRIKPLEIN
HUGO DE GROOTSTRAAT
VAN SPEIJKSTRAAT
Sportpark De Verademing
Elandstraat
ELANDSTRAAT
WITHSTRAAT
VONDELSTRAAT
JENNY-PLANTSOEN
Kon. EMMA-PLEIN
VEENKADE
NOORDWAL
ZAMENHOFSTRAAT
LOOSDUINSEWEG
LOOSDUINSEKADE
Brandweer
NOORD-WEST-BUITENSINGEL
BIJ DE WESTERMOLENS
PRINSESSEWAL
Paleistuin
Bibliotheekbrug
Paleisbrug
BAKKERSSTRAAT
SIRTEMASTRAAT
KORTENBOS
ZUILINGSTR.
TORENSTRAAT
Korzo
MOLENSTRAAT
WESTEINDE
MCH Lokatie Westeinde
MCH Westeinde
GRAVENZANDELAAN
LIJNBAAN
BUITENOM
PRINSEGRACHT
Brouwersgracht
Politie
JAN HENDRIKSTR.
Oude Stadhuis
GROTE KERK
Het Paard
Hum. House
Grote Markt
GROTE MARKTSTRAAT
Sport Centr.
Concordia
HOGE ZAND
VAILLANT-PLEIN
DELFTSELAAN

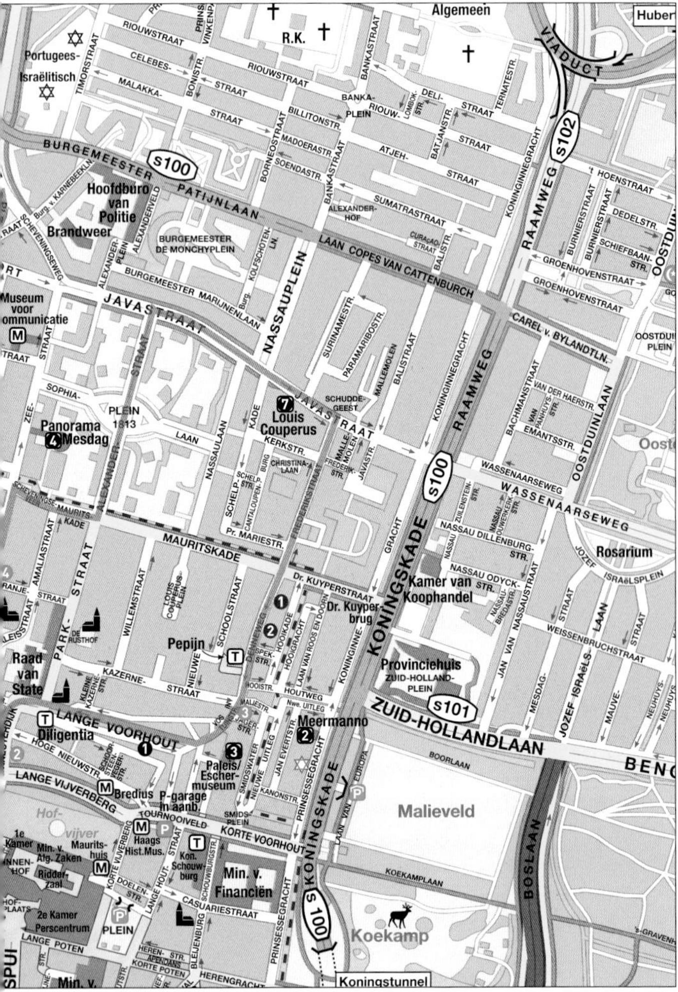
Algemeen
Huber
R.K.
Portugees-
Israëlitisch
RIOUWSTRAAT
CELEBES-
STRAAT
MALAKKA-
STRAAT
TIMORSTRAAT
PRINS VINKENP.
BONISTR.
BANKASTRAAT
TERNATESTR.
VIADUCT
BANKA-
PLEIN
RIOUW-
LOMBOK-STR.
DELI-
STRAAT
BILLITONSTR.
MADOERASTR.
SOENDASTR.
BORNEOSTRAAT
ATJEH-
STRAAT
BATJANSTR.
KONINGINNEGRACHT
S102
BURGEMEESTER PATIJNLAAN
S100
Burg. v. KARNEBEEKLN.
Hoofdburo van Politie
Brandweer
ALEXANDERVELD
BURGEMEESTER DE MONCHYPLEIN
ALEXANDER-PLEIN
KOLFSCHOTEN-LN.
SUMATRASTRAAT
ALEXANDER-HOF
CURAÇAO-STRAAT
BALISTR.
RAAMWEG
'T HOENSTRAAT
DEDELSTR.
SCHIEFBAAN-STR.
BURNIERSTRAAT
OOSTDUIN
GROENHOVENSTRAAT
LAAN COPES VAN CATTENBURCH
BURGEMEESTER MARIJNENLAAN
SCHEVENINGSEWEG
Museum voor Communicatie
M
JAVASTRAAT
NASSAUPLEIN
SURINAMESTR.
PARAMARIBOSTR.
MALLEMOLEN
BALISTRAAT
CAREL v. BYLANDTLN.
OOSTDUINPLEIN
SOPHIA-
LAAN
PLEIN 1813
Panorama
4 Mesdag
ALEXANDERSTRAAT
NASSAULAAN
KADE
7 Louis Couperus
SCHUDDE-GEEST
KERKSTR.
CHRISTINA-LAAN
FREDERIKSTRAAT
MALLE-MOLEN
JAVASTR.
BACHMANSTRAAT
VAN DER HAERSTR.
VAN PANHUYS-STR.
EMANTSSTR.
OOSTDUINLAAN
Oost
WASSENAARSEWEG
ZUILENSTEIN-STR.
NASSAU OUWERKERK-STR.
SCHELP.
SCHELP-STR.
CANTALOUPEN-BURG
SCHEVENINGSE-MAURITS-KADE
AMALIASTRAAT
Pr. MARIESTR.
MAURITSKADE
GRACHT
KONINGSKADE
NASSAU DILLENBURG-STR.
Rosarium
JOZEF ISRAëLSPLEIN
PARK-STRAAT
WILLEMSTRAAT
LOUIS COUPERUS-PLEIN
SCHOOLSTRAAT
Dr. KUYPERSTRAAT
Dr. Kuyper-brug
Kamer van Koophandel
NASSAU ODYCK-STR.
NASSAU-BREDASTR.
JAN VAN NASSAUSTRAAT
DE RUSTHOF
Raad van State
Pepijn
NIEUWE
T
DENNEWEG
HOOIKADE
HOOIGRACHT
LAAN VAN ROOS EN DOORN
KONINGINNE-
SPEK-STR.
Provinciehuis
ZUID-HOLLAND-PLEIN
WEISSENBRUCHSTRAAT
MESDAG-
JOZEF ISRAëLS-LAAN
MAUVE-
NEUHUYS-
KAZERNE-STRAAT
KLEINE KAZERNE-STR.
HOOISTR.
HOUTWEG
Nwe. UITLEG
MALIESTR.
S101
ZUID-HOLLANDLAAN
LANGE VOORHOUT
Diligentia
HOGE NIEUWSTR.
SCHOOL-STEEG-STR.
VOS IN TUINSTR.
JAGER-STR.
3
Meermanno
2
JAN EVERTSTR.
PRINSESSEGRACHT
BOORLAAN
BENO
LANGE VIJVERBERG
M Bredius
3 Paleis/ Escher-museum
SMIDSWATER
NIEUWE UITLEG
KANONSTR.
LAAN VAN EUROPA
P
Malieveld
P-garage in aanb.
Hof-vijver
TOURNOOIVELD
SMIDS-PLEIN
KORTE VOORHOUT
BOSLAAN
1e Kamer
Min. v. Alg. Zaken
Maurits-huis
Haags Hist.Mus.
Kon. Schouw-burg
SCHOUWBURGSTR.
Min. v. Financiën
KOEKAMPLAAN
Ridder-zaal
KORTE VIJVERBERG
DOELEN-STR.
LANGE HOUT-STRAAT
CASUARIESTRAAT
2e Kamer
Perscentrum
PLEIN
Koekamp
'S-GRAVENH
LANGE POTEN
HEREN-STR.
APENDANS
KORTE POTEN
BLEIJENBURG
HERENGRACHT
Koningstunnel
SPUI
Min. v.

Reiterstandbild von Wilhelm von Oranien

Gegenüber dem Paleis Noordeinde befindet sich ein Reiterstandbild, das Wilhelm von Oranien darstellt. Diese Statue wurde von König Wilhelm II. in Auftrag gegeben. Wilhelm von Oranien sitzt hoch zu Ross und blickt in Richtung des Palastes. Die Skulptur zeigt den Prinzen von Oranien als Heerführer auf dem Rücken seines Pferdes.

Palast "Noordeinde"

Museum Meermanno

Bestaunen Sie die Wunder im Museum Meermanno, dem ältesten Buchmuseum der Welt! Dieses Paradies für Leseratten beherbergt eine beeindruckende Sammlung mit handgeschriebenen und handgedruckten Büchern. Die farbenfrohen Ausstellungsräume zeigen eine Einführung in das Genre Künstlerbuch, die Ex-Libris-Sammlung, Minibücher, modernes Buchdesign und die Höhepunkte des Museums, darunter mittelalterliche Manuskripte, die Rijmbijbel und eine handkolorierte Ausgabe des berühmten Atlas van Blaeu. Mit diesen Dokumenten wird ein Stück Geschichte lebendig. **Adresse**: Prinsessegracht 30, www.meermanno. nl, Eintritt: Erwachsene (ab 18 Jahren) €9,50, Jugendliche von 13 bis 19 Jahren €4,75, freier Eintritt für Kinder bis 12 Jahre. Öffnungszeiten: Di-So 11:00-17:00 Uhr.

Paleis Noordeinde

Der Paleis Noordeinde befindet sich an einer der attraktivsten Einkaufsstraßen von Den Haag: der Noordeinde. Dieser Palast gehört zu den vier offiziellen Palästen der niederländischen Königsfamilie. Er ist die offizielle Arbeitsstätte von König Willem-Alexander. Ursprünglich war der Paleis Noordeinde ein Bauernhof. Später nutzten es König Wilhelm I. und Königin Beatrix als Residenz. Auch die Witwe von Wilhelm von Oranien lebte hier mit ihren Kindern. Der Palast wurde 1815 vollständig renoviert und diente seitdem als Residenz von König Wilhelm I. Die offiziellen Räume des Königs und der Königin im Paleis Noordeinde sind nicht öffentlich zugänglich. Auf der Rückseite des Paleis Noordeinde können Sie sich in aller Ruhe im Paleistuin (Palastgarten) entspannen. Dieser Park ist einer der geheimen Schätze von Den Haag. Er wurde 1609 als Garten des Paleis Noordeinde angelegt. Der Eintritt zu diesem kleinen Park ist frei.
Er ist täglich von Sonnenaufgang bis Sonnenuntergang geöffnet. Direkt neben dem Park befinden sich die königlichen Stallungen mit den Pferden und Kutschen des Königshauses. Die königlichen Stallungen sind leider nicht öffentlich zugänglich. Über den Paleistuin können Sie dennoch in deren Nähe gelangen.

Prinzentag/ Lange Voorhout

Prinsjesdag

Der Prinsjesdag (Prinzentag) ist der Tag, an dem der König (König Willem Alexander) vor das Parlament tritt, um die Thronrede zu verlesen. An diesem Tag fährt der König in einer Goldenen Kutsche zum Binnenhof, um dort im Ridderzaal (Rittersaal) seine Rede zu halten.
Zum ersten Mal geschah dies am 2. Mai 1814. Anfänglich wurde die Thronrede immer zur Eröffnung der parlamentarischen Saison gehalten. Die regelmäßigen Sitzungen begannen im Herbst. Daneben gab auch außerordentliche Sitzungen, die zu einem anderen Zeitpunkt begannen - zum Beispiel nach Wahlen. Seit der Verfassungsreform von 1983 startet das neue parlamentarische Jahr immer am Prinsjesdag, dem dritten Dienstag im September.
Nach dem Prinsjesdag von 2015 begannen eingehende und langwierige Renovierungsarbeiten an der Goldenen Kutsche, die voraussichtlich vier Jahre in Anspruch nehmen werden. In der Zwischenzeit wird das Königspaar die gläserne Kutsche verwenden.

Themen der Thronrede sind die aktuelle Situation des Landes sowie die Pläne der Regierung. Am Prinsjesdag wird auch das Budget für das kommende Jahr bekannt gegeben.

Museum Escher

Das Museum Escher in het Paleis ist eine permanente Ausstellung in den Haag, die dem weltbekannten Künstler M.C. Escher gewidmet ist. Dieser hat mit seiner Kunst Millionen von Menschen auf der ganzen Welt begeistert.

→ Maurits Cornelis Escher

Der Künstler Maurits Cornelis Escher lebte von 1898 bis 1972. Er war ein Genie im Zeichnen unmöglicher Geometrien. Bei näherem Hinsehen werden Sie erkennen, dass Eschers Illustrationen mathematische Meisterwerke der optischen Täuschung sind. Eines seiner berühmtesten Werke ist der „Wasserfall". Darauf scheint es, als würde Wasser bergauf fließen und die Türme sind inkongruent zusammengesetzt. Andere Arbeiten zeigen Vögel, die eine Metamorphose zum Fisch durchma

Der ehemalige Palast

Die Escher-Kollektion ist eine Leihgabe des Gemeentemuseum Den Haag. In der Vergangenheit war der Palast an der schönen Straße Lange Voorhout im Besitz der niederländischen Königsfamilie. Königin Emma hatte ihn im Jahr 1896 gekauft und und nutzte ihn von März 1901 bis zu ihrem Tod im März 1934 als Winterpalast. Er diente vier aufeinanderfolgenden Königinnen der Niederlande als Arbeitsort, bis Königin Beatrix ihr Büro in den Paleis Noordeinde verlegte.

→ Escher Museum

Die Escher-Ausstellung im Palast kombiniert einzigartige Kunstwerke mit biografischem Material, unter anderem Fotos, Briefen und Skizzen. Escher arbeitete hauptsächlich mit Drucktechniken wie Holzschnitt, Lithografie, Mezzotinto und Parkettierung. **Adresse**: Lange Voorhout 74, www.escherinhetpaleis.nl, Öffnungszeiten: Di-So 11:00- 17:00 Uhr, Eintritt: Erwachsene €9,50, Kinder von 7 bis 15 Jahren €6,50, freier Eintritt für Kinder unter 7 Jahren.

Panorama Mesdag

Wer das Panorama Mesdag betritt, begibt sich in das größte Gemälde der Niederlande. Der Schöpfer des Panorama Mesdag ist Hendrik Willem Mesdag. Erleben Sie die magische Illusion und werfen Sie einen 360-Grad-Blick auf die Niederlande von 1881. Sie schauen von einer von Menschenhand gemachten Düne aus echtem Sand mit Strandstühlen auf das Panorama. Dazu werden Vogelstimmen und Meeresrauschen eingespielt. Die Aussicht ist niemals dieselbe. An dunklen Wintertagen ist die Szene grau und kühl. Wenn es draußen sonnig ist, ist alles in wunderbar strahlendes Licht getaucht. Mit seiner enormen Größe von 120 x 14 Metern ist das Panorama Mesdag ein einzigartiges Stück Kulturgut. **Adresse**: Zeestraat 65, www.panoram-mesdag.nl/english, Öffnungszeiten: Mo-Sa 10:00-17:00 Uhr, So 11:00-17:00 Uhr, Eintritt: Erwachsene €10, Kinder (4-11/12-18) €5 /€8,50.

Die Sammlung Mesdag

Die Sammlung Mesdag des bekannten Marinemalers Hendrik Willem Mesdag und seiner Frau Sientje Mesdag-van Houten umfasst außergewöhnliche Kunstwerke des 19. Jahrhunderts. In der zweiten Hälfte des neunzehnten Jahrhunderts stellte das Künstlerpaar aus Den Haag eine interessante Mischung aus Gemälden, Zeichnungen und kunsthandwerklichen Gegenständen zusammen. Besonders bekannt ist die Sammlung Mesdag für ihre Sammlung französischer Meisterwerke aus der Schule von Barbizon, weltweit eine der größten und wichtigsten ihrer Art, sowie für ihre eindrucksvolle Sammlung von Gemälden, Aquarellen und Zeichnungen der Haager Schule. **Adresse**: Laan van Meerdervoort 7-F, www.demesdagcollectie.nl, Öffnungszeiten: Mi -So 12:00-17:00 Uhr, Eintritt: Erwachsene €9, freier Eintritt für Kinder und Jugendliche bis 17 Jahre.

→ Hendrik Willem Mesdag

Hendrik Willem Mesdag (1831-1915) war ein hoch angesehener Maler der Haager Schule. Zunächst war er Geschäftsmann, widmete sich aber ab seinem 35. Lebensjahr vollständig der Malerei. Das Spezialgebiet Mesdags war die Marinemalerei. Sein berühmtes Panorama Mesdag kann bis heute an der Zeestraat in der Nähe der Sammlung Mesdag besichtigt werden. Auch seine Frau Sientje Mesdag-van Houten war Malerin. Sie malte vor allem Landschaften und Stillleben. Darüber hinaus waren die beiden große Kunstsammler. Ab 1866 begannen Mesdag und seine Frau damit, eine außergewöhnliche Sammlung mit Werken von Künstlern, die sie selbst begeisterten und bewegten, zusammen zu stellen.

Louis Couperus Museum

Das Louis Couperus Museum ist dem Leben und Werk von Louis Couperus gewidmet. In zwei Ausstellungen pro Jahr werden verschiedene Aspekte seines Werkes behandelt. Louis Couperus (Den Haag, 10. Juni 1863 - De Steeg, 16. Juli 1923) war ein niederländischer Schriftsteller und Dichter. Sein Oeuvre umfasst viele verschiedene Genres: Kurzgeschichten, psychologische und historische Romane, Märchen, Lyrik und Skizzen. Couperus gilt als eine der wichtigsten Figuren in der niederländischen Literatur. **Adresse**: Javastraat 17, www.louiscouperusmuseum.nl/content/english, Öffnungszeiten: Mi-So 12:00-17:00 Uhr, Eintritt: €4.

Der Friedenspalast

Der Friedenspalast (Vredespaleis) ist ein historisches Wahrzeichen von Den Haag. Er wird gilt als Zentrum des Völkerrechts bezeichnet, denn er ist Sitz des Internationalen Gerichtshofs (dem Hauptrechtsprechungsorgan der Vereinten Nationen), des Ständigen Schiedshofes, der Haager Akademie für Völkerrecht und der Bücherei des Friedenspalastes. Die Bibliothek verfügt über eine der weltweit größten Sammlungen auf dem Gebiet des Völkerrechts sowie des öffentlichen und privaten Rechts.

Vredespales (Der Friedenspalast)

Der Friedenspalast ist nicht nur Sitz dieser Institutionen, sondern auch regelmäßig Schauplatz besonderer Veranstaltungen in den Bereichen internationale Politik und internationales Recht. Dazu gehört auch die nächste Generalversammlung des Europäischen Netzes der Räte für das Justizwesen (ENCJ). Offiziell eröffnete der Friedenspalast am 28. August 1913. Er wurde ursprünglich als symbolischer Sitz des Ständigen Schiedsgerichtshofs eingerichtet. Dieser war per Vertrag bei der Haager Friedenskonferenz von 1899 zur friedlichen Schlichtung internationaler Konflikte ins Leben gerufen worden. Der Vorsitzende der US-Delegation und Mitbegründer der Cornell University in Ithaca (NY), Andrew Dickson White (1832-1918) hatte dabei geholfen, den Stahlmagnaten Andrew Carnegie (1835-1919) davon zu überzeugen, 1,5 Millionen Dollar zu spenden, damit die Menschheit ein „nach außen strahlendes, sichtbares Zeichen" für den historischen Durchbruch der Haager Friedenskonferenz von 1899 erhielt. **Adresse**: Carnegieplein 2, www.vredespaleis.nl, Öffnungszeiten: Besucherzentrum Di-So 10:00-17:00 Uhr (von März bis Oktober), in den Wintermonaten (1. November-22 März) ist der Friedenspalast von 11:00-16:00 Uhr geöffnet. Am 1. und 2. Weihnachtstag, Neujahrstag, Ostersonntag und am Königstag (27. April) ist das Besucherzentrum geschlossen.
Tickets für eine Führung durch den Friedenspalast werden nur auf dessen Webseite verkauft.

Café Blossom

Das Blossom erwartet Sie im Zeeheldenkwartier. In diesem lebendigen Viertel wohnen die unterschiedlichsten Leute. Die Umgebung ist auch für die vielen dort ansässigen Botschaften bekannt, durch die sie eine wunderbar gemischte Atmosphäre und einen internationalen Charakter bekommt. Diese Eigenschaften finden Sie auch im Blossom wieder! Ein frisches, farbenfrohes Café mit einem sichtlich internationalen Flair.
Wir servieren Ihnen Produkte, an die wir selbst glauben. Darum bieten wir Ihnen Eier und Käse aus biologischem Anbau und der Metzger 't Oude Ambacht liefert uns verschiedene Fleischsorten aus Freilandhaltung. Unser Brot bekommen wir von Menno: reines Brot ohne unnötige Zusatzstoffe. Dieses Brot schmeckt genauso köstlich, wie Brot eben schmecken sollte. Sie möchten mehr über unsere sorgfältig ausgewählten Lieferanten erfahren? Fragen Sie uns einfach und wir werden Ihnen mehr erzählen!

Öffnungszeiten:
Mo-Fr von 08:30 bis 17:00 Uhr, Sa 09:30-18:00 Uhr

Anna Paulownastraat 70C
www.cafeblossom.nl

Folgen Sie uns auf:
www.facebook.com/cafeblossomnl

Walter Benedict

Am Denneweg, einer der ältesten Einkaufsstraßen von Den Haag, empfängt Sie das Walter Benedict. Das gemütliche französische Bistro hat zwar erst Anfang 2015 eröffnet, aber man bekommt den Eindruck, dass es bereits seit Jahrzehnten existiert. Das Walter Benedikt ist genau der richtige Ort um ihren Tag zu beginnen. Probieren Sie die köstlichen Eier Benedict, zusammen mit einem schönen Kaffee und einem frischen Saft. Das Lokal ist für seine entspannte Atmosphäre und die freundlichen Mitarbeiter bekannt. Bestellen Sie unbedingt auch etwas zu Essen. Wie wäre es mit den Benedict Austern, einem Steak Tartare oder einem Walter's Burger?

Letzterer schmeckt übrigens hervorragend zu einem der vielen Gin Tonics. Wenn Sie lieber Wein mögen, werden Sie bei den 20 verschiedenen Weinsorten im Angebot sicher fündig. Die meisten davon können Sie pro Glas bestellen. Das Walter Benedict ist die perfekte Umgebung für ein paar Drinks mit Freunden, ein romantisches Tête-à-Tête oder ein gemütliches Essen mit der Familie.

Öffnungszeiten:
Mo-So 09:00-23:00 Uhr

Denneweg 69A
+31 (0)70 785 37 45
www.walterbenedict.nl

Folgen Sie uns auf:
www.facebook.com/
WalterBenedictDenneweg

Guliano

Sie wünschen sich eine authentisch italienische Atmosphäre? Dann müssen Sie unbedingt ins Guliano. Dieser echte Italiener könnte vom Stil her genauso gut im New Yorker Stadtteil Brooklyn liegen. Hier finden Sie die beste Auswahl italienischer Mittagsgerichte.

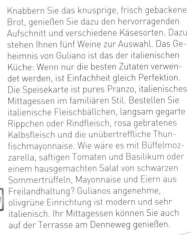

Knabbern Sie das knusprige, frisch gebackene Brot, genießen Sie dazu den hervorragenden Aufschnitt und verschiedene Käsesorten. Dazu stehen Ihnen fünf Weine zur Auswahl. Das Geheimnis von Guliano ist das der italienischen Küche: Wenn nur die besten Zutaten verwendet werden, ist Einfachheit gleich Perfektion. Die Speisekarte ist pures Pranzo, italienisches Mittagessen im familiären Stil. Bestellen Sie italienische Fleischbällchen, langsam gegarte Rippchen oder Rindfleisch, rosa gebratenes Kalbsfleisch und die unübertreffliche Thunfischmayonnaise. Wie wäre es mit Büffelmozzarella, saftigen Tomaten und Basilikum oder einem hausgemachten Salat von schwarzen Sommertrüffeln, Mayonnaise und Eiern aus Freilandhaltung? Gulianos angenehme, olivgrüne Einrichtung ist modern und sehr italienisch. Ihr Mittagessen können Sie auch auf der Terrasse am Denneweg genießen.

Öffnungszeiten:
Mo-So12:00-17:00 Uhr

Denneweg 27
+31 (0)70 7 400 500
denhaag@guliano.it
www.guliani.it
Folgen Sie uns auf:
www.facebook.com/
GulianoDenHaag

De Pasta Kantine

Das Restaurant Pasta Kantine konzentriert sich auf das Wesentliche: köstliches, frisches Essen. Die Kunst liegt darin, die richtigen Dinge wegzulassen. Bestellen Sie Pastagerichte und Salate in leckeren Variationen und gesunden, kleinen Portionen. Alle Gerichte sind für unter 15 Euro zu haben. Eine unwiderstehliche Küche mit frischer Pasta, frischen Zutaten und frischen

Gewürzen. Sie haben die Wahl zwischen leckeren und authentischen Pastagerichten (auch glutenfrei oder Vollkorn), einem Salat oder einer Kombination aus Salat und einer kleineren Portion Pasta. Zum Mittagessen serviert die Pasta Kantine eine Auswahl an Sandwiches und Salaten. Die Gerichte werden mit Leidenschaft und viel Liebe zubereitet. Das Restaurant verwendet Zutaten aus biologischem Anbau und sorgt dafür, dass Preis und Qualität in einem guten Verhältnis stehen. Die Pasta wird zubereitet während Sie warten. Zögern Sie nicht und fragen Sie nach der Pasta des Monats oder nach der Spezialität des Hauses. Bis bald!

Öffnungszeiten:
Mo-Fr 12:00-22:00 Uhr

Prins Hendrikplein 15
+31(0)70 310 78 92
www.depastakantine.nl

Folgen Sie uns auf
www.facebook.com/
pastakantine/

Marina Rinaldi

Diese bezaubernde Boutique in Den Haag ist auf jeden Fall einen Besuch wert. In dem wunderschön gelegenen Ladenlokal direkt neben dem königlichen Palast empfangen Sie gut ausgebildete, stets freundliche Mitarbeiter, die Ihnen gerne jeden Wunsch erfüllen. Seit mehr als drei Jahrzehnten ist Marina Rinaldi die führende Marke für Plus-Size-Mode. Die für kurvenreichere Damen entworfenen Modelle bieten alles, was Sie vom Schwesterunternehmen von Max Mara erwarten dürfen: die begehrenswertesten Mäntel der Welt, Kleidung für tagsüber und für den Abend, schmeichelnde Schnitte und das italienische Gefühl für Mode.

Öffnungszeiten: Mo 12:00-18:00 Uhr, Di-Fr 10:00-18:00 Uhr, Sa 10:00-17:00 Uhr

Noordeinde 62/F
+31(0)70 3624361
marinarinaldi.com

Folgen Sie und auf:
www.facebook.com/marinarinaldiofficial

La Casa del Habano The Hague

Ihr Aufenthalt in Den Haag ist ohne einen Besuch im La Casa del Habano nicht komplett. Dieser schöne Zigarrenladen am eleganten Kneuterdijk ist auf kubanische Zigarren spezialisiert. Neben außergewöhnlichen Zigarren bekommen Sie hier auch die bekannte Schokolade von G. de Graaff sowie erlesenen

Champagner. Im La Casa del Habano The Hague finden Sie die größte Auswahl kubanischer Zigarren in den gesamten Niederlanden. Dazu gehören eine komplette Palette exklusiver Habanos und begrenzte Auflagen. Zahlreiche Politiker und Adelige gehören zu den Kunden des gemütlichen Ladens am Kneuterdijk. Auch im „Wohnzimmer von Den Haag“ sind Sie willkommen. Genießen Sie die Freuden des Lebens bei einer kubanischen Zigarre in unserer Zigarrenlounge. Darüber hinaus können Sie ein privates Abendessen buchen.

Öffnungszeiten: Mo-Sa 10:00-18:00 Uhr, Do 10:00-21:00 Uhr, So 12:00- 17:00 Uhr

Kneuterdijk 5,
www.lacasadelhabano-thehague.com

Folgen Sie und auf:
www.facebook.com/La-Casa-del-Habano-The-Hague-450011621726456

Denneweg & Frederikstraat

→ C'est Joli
Vielleicht ist C'est Joli nicht besonders groß, dafür ist das Geschäft aber umso freundlicher. Die Eigentümerinnen Jolanda und Lies haben immer eine frische Tasse Kaffee für Sie bereit. Die Kollektion von C'est Joli bietet abwechslungsreiche, stilvolle, feminine und exklusive aber tragbare Mode für Damen. Ergänzen Sie Ihren Look mit Schmuck, Taschen, Stiefeln, Gürteln und trendigen Lifestyle-Items. Wenn es Ihnen schwer fällt, sich zwischen den vielen schönen Stücken zu entscheiden, geben Ihnen die beiden Besitzerinnen gerne einen ehrlichen Rat. **Adresse**: Denneweg 136, Öffnungszeiten: Di-Fr 10:00-18:00 Uhr, Sa 10:00-17:00 Uhr.

→ Senso
Die neue Herrenkollektion von Senso ist das Ergebnis zahlloser Ausflüge zu den Modehäusern und Designern von London, Paris und Mailand. Hier finden Sie alles, was ein Gentleman braucht – vom klassischen Anzug für geschäftliche Anlässe bis zur lässigen Freizeitkleidung. **Adresse**: Vos in Tuinstraat 7, www.sensofashion.nl, Öffnungszeiten: Di, Mi, Fr 10:00-18:00 Uhr, Do 10:00-20:00 Uhr, Sa 10:00-17:00 Uhr und So 12:00-17:00 Uhr.

→ Windsister Warehouse
Dieses einzigartige Minikaufhaus bietet alles, was mit Inneneinrichtung und Mode zu tun hat. Zur Kollektion zählen Stühle, Sofas und Kleinmöbel, ebenso wie modische Kleidung, Accessoires, Portemonnaies, Schals, Schmuck, Lampen und Kissen. Die Produkte sind zum größten Teil hauseigene Entwürfe von Saskia Wind und werden oft individuell gefertigt. **Adresse**: Denneweg 4, www.windsisterwarehouse.nl, Öffnungszeiten: Di-Fr 10:00- 17:30 Uhr, Sa 10:00-17:00 Uhr und So 12:00-17:00 Uhr.

→ Lien & Giel
Hier müssen Sie hin, wenn Sie farbenfrohe Damenmode suchen. Das gilt ganz besonders für Röcke, Jacken und Mäntel. Die Stücke aus der Kollektion zeichnen sich durch die verwendeten Drucke, Stoffe und Stickereien aus. Durchstöbern Sie auch die fröhlichen Accessoires, die Lien & Giel selbst entwerfen und anfertigen. Dazu gehören Taschen, Gürtel, Schuhe und Stiefel. Diese kunterbunte Kollektion ist auf jeden Fall außergewöhnlich. **Adresse**: Vos in Tuinstraat 3, www.lienengiel.nl, Öffnungszeiten: Di-Sa 11:00-18:00 Uhr, So 12:00-17:00 Uhr.

→ Van Peet
Van Peet bietet Ihnen nur die beste Damenmode und dazu alle möglichen Accessoires wie Schals, Schmuck, Gürtel und Taschen. Hier sind die verschiedensten Stilrichtungen vertreten – von weiblich über sportlich bis cool. Für Frauen, die zu Ihrer Persönlichkeit stehen! **Adresse**: Frederikstraat 78, www.vanpeet.nl, Öffnungszeiten: Di-Sa 10:00-17:30 Uhr.

→ **Via Andres**

Via Andres steht für stilvolle, gehobene Herrenmode. Hier finden Sie Anzüge, Jacken, Shirts, maßgeschneiderte Stücke, Freizeitkleidung, Krawatten, Schuhe, Accessoires – mit anderen Worten: einfach alles! Sie können hier Ihre komplette Garderobe erneuern, und zwar sowohl mit Kleidung für die Freizeit als auch für geschäftliche Anlässe. **Adresse**: Frederikstraat 467, www.via-andres.nl, Öffnungszeiten: Di-Sa 10:00-17:30 Uhr.

→ **Hardies Mode**

Die vielseitige und exklusive Modekollektion von Hardies passt jeder Frau. Ihre Größe spielt dabei keine Rolle. Auch Altersbeschränkungen gelten hier nicht, stattdessen finden Sie hier etwas für jeden Geschmack und für jeden Stil. Darüber hinaus bietet Hardies eine eigene Couture-Linie und eine breite Auswahl an Abendmode. Bei Hardies finden Sie für jede Gelegenheit das richtige Outfit. **Adresse**: Javastraat 45, www.hardies.nl. Öffnungszeiten: Di-Fr 10:00-17:30 Uhr, Sa 10:00-17:00 Uhr.

Noordeinde & Hofkwartier

→ **Studio 40**

Für das Allerneueste in Sachen Inneneinrichtung! Der Schwerpunkt liegt bei Möbeln und Beleuchtung, aber Accessoires und Wohntextilien sind auch gut vertreten. Tipp: Studio 40 ist auch eine Galerie, die regelmäßig innovative Kunstwerke ausstellt. **Adresse**: Noordeinde 40, www.studio40.nl, Öffnungszeiten: Mo-Fr 10:30-17:30 Uhr, Sa 10:30-17:00 Uhr und So 13:00-17:00 Uhr.

→ **De Galerie Den Haag**

De Galerie Den Haag ist eine zeitgenössische Kunstgalerie, die sich durch Offenheit, Verwegenheit, Innovation und hervorragenden Service auszeichnet. Das vielseitige Angebot reicht von abstrakten Gemälden bis hin zu ultramodernen fotografischen Arbeiten. **Adresse**: Noordeinde 69 CA, www.degaleriedenhaag.nl, Öffnungszeiten: Mi-Fr 11:00- 18:00 Uhr, Sa 12:00-17:00 Uhr, So 13:00-17:00 Uhr.

→ **Boekhandel Van Hoogstraten**

Van Hoogstraten ist der älteste Buchhandel in Den Haag. Im November 2011 feierte der Laden seinen 130. Geburtstag. Er liegt in nur 130 Metern Entfernung vom Paleis Noordeinde, der Arbeitsstätte von König Willem- Alexander. Der Buchladen wurde 1881 gegründet. Damals belieferte das Geschäft König Willem III, in den 1990er Jahren Königin Beatrix und heute König Willem-Alexander. Im Lager stehen vornehmlich Bücher in englischer Sprache (Biografien, Romane, Krimis und Kinderbücher ebenso wie Garten-, Koch- und Kunstbücher). Darüber hinaus führt das Geschäft ein großes Sortiment mit Literatur

über die Geschichte des Königshauses in verschiedenen Sprachen, unter anderem auf französisch, schwedisch, deutsch und griechisch.
Adresse: Noordeinde 98, www.hoogstraten.nl, Mo-Fr 10:00-17:30 Uhr, Sa 10:00-17:00 Uhr, So 12:30-16:30 Uhr, an jedem ersten Sonntag des Monats.

→ Michael Barnaart Van Bergen

Hinter der monumentalen Fassade in der gemütlichen Papestraat steckt der beste Designer von Den Haag, Michael Barnaart van Bergen. Die Kollektion von Michael Barnaart van Bergen besteht aus grafisch gestalteten Kleidern, gewagten Accessoires und originellen Haushaltswaren. **Adresse**: Papestraat 1B, www.michaelbarnaartvanbergen.com, Öffnungszeiten: Mi/Fr 11:00-18:00 Uhr, Do 11:00-21:00 Uhr, Sa 11:00-17:00 Uhr, So 13:00-17:00 Uhr.

→ Scotch & Soda

Das Modelabel Scotch & Soda ist zu 100% niederländisch. Egal was sie am meisten mögen – Scotch & Soda für Männer, Maison Scotch für Damen, Scotch Shrunk für Jungen, Scotch R'belle für Mädchen oder die Jeanskollektion Amsterdams Blauw denim, hier gibt es sie alle. Die Stücke lassen sich bequem tragen, sind mit Sinn für Details entworfen und können einfach kombiniert werden. **Adresse**: Hoogstraat 32, www.scotch-soda.com, Öffnungszeiten: Mo 12:00-18:00 Uhr, Di-Sa 10:00-18:00 Uhr, Do 10:00-21:00 Uhr und So 12:00-18:00 Uhr.

→ Bendorff

Die Leidenschaft für Funktionalität, kombiniert mit Qualität ist das Motto von Bendorff. Hier sind Klassisches und Modernes zu Hause. Das Geschäft ist auf Herrenmode spezialisiert und kombiniert moderne Stücke mit Outdoor-Kleidung im charakteristischen Jeanslook. Bendorff ist ein authentischer Laden mit jungenhaftem Charme, der alles aus einer Hand anbietet.
Adresse: Prinsestraat 11, www.bendorff.nl, Öffnungszeiten: Mo 12:00-18:00 Uhr, Di-Sa 10:00-18:00 Uhr, Do 10:00-20:00 Uhr und So 13:00-17:00 Uhr.

Statenkwartier

→ Edwin Pelser

Der Designladen von Edwin Pelser beherbergt eine Sammlung von Geschichten. In diesen Geschichten manifestieren sich die Sichtweisen und Überzeugungen der verschiedenen Designer. Ihre Objekte sind innovativ, respektieren aber Traditionen und die Harmonie zwischen Mensch und Natur. Das alles spiegelt sich in der faszinierenden Kollektion dieses Geschäftes wieder.
Adresse: Piet Heinstraat 123, www.edwinpelser.nl, Öffnungszeiten: Di-Fr 11:00-18:00 Uhr, Sa 11:00-17:00 Uhr.

→ Wijnhandel Kooper

Bei Weinhandel Kooper sind sowohl Kenner als auch absolute Laien bestens aufgehoben. Weinkenner bemerken auf der Stelle, dass sie hier richtig sind. Die Mitarbeiter beraten Sie gerne, wenn Sie den passenden Wein für Ihre nächste Dinnerparty oder zum Verschenken suchen. Im Angebot gibt es hervorragende Weine in sämtlichen Preiskategorien, gelagerte Portweine verschiedener Jahrgänge, klassische Drinks und einige Spezialgetränke, die der Eigentümer persönlich importiert. **Adresse**: Prins Hendrikstraat 43a, Öffnungszeiten: Mo 13:00-18:00 Uhr, Di-Fr 09:00-18:00 Uhr, Sa 09:00-17:00 Uhr.

→ Engelien

Engelien gehört zu der Art von Läden, die so viel bieten, dass man nur schwerlich alles auf einmal erfassen kann. Zu der originellen Kollektion gehören Stoffe, Puppen, selbst entworfener Schmuck, Schals, Kissen, französisches Essgeschirr aus den 20er- und 30er-Jahren, Tischdekorationen, altes Spielzeug und interessanter Schnickschnack. **Adresse**: Piet Heinstraat 87, www.engelienvandendool.nl, Öffnungszeiten: Do-Fri 13:00- 18:00 Uhr und Sa 14:00-17:30.

→ The Fine Store

Der Name sagt alles: Was für ein feiner Laden! Hier finden Sie die tollsten Sachen für Ihre Wohnung, aber auch Schmuck und schön gestaltete Pflegeprodukte. Nachhaltigkeit steht hier im Vordergrund. Die Produkte stammen alle aus Europa. Denn warum in die Ferne schweifen, wenn das Gute so nah ist? **Adresse**: Piet Heinstraat 64, www.thefinestore.com

→ Guitar Chop Shop

Für Gitarrenliebhaber ist der Guitar Chop Shop ein echter Tipp. Hier erwartet Sie eine vielseitige Auswahl an Gitarren, Bassgitarren, Westerngitarren, klassischen Gitarren und Ukulelen. Darüber hinaus finden Sie hier Pin-up-Sticker, Verstärker, schöne T-Shirts, Notenblätter und alles, was sonst noch mit Gitarren zu tun hat! **Adresse**: Zoutmanstraat 37, www.guitarchopshop.com

Wussten Sie schon?

Das Zeeheldenkwartier ist ein hübsches Viertel in der Nähe des Stadtzentrums mit exklusiven Stadthäusern, neuen Wohngebäuden und Innenhöfen. Unter den mehr als 10.000 Einwohnern finden sich 25 Nationalitäten und damit ist dies ein echtes multikulturelles Viertel. Das dicht bebaute Zeeheldenkwartier mit seinem rasterartig angelegten Straßennetz gehört zu den ältesten Vierteln von Den Haag.

route 3

Das Statenkwartier

Gemeentemuseum Den Haag

Wussten Sie schon?
Der Name Statenkwartier geht auf die historischen „Staten van Holland“ im 17. und 18. Jahrhundert zurück. Die meisten der Straßen sind nach holländischen Politikern des 17. Jahrhunderts benannt.

Das Statenkwartier

Das Statenkwartier ist ein Stadtteil mit einer bewegten Geschichte, die bis etwa in das Jahr 1895 zurückreicht. Mit seiner besonderen Architektur und den prachtvollen Straßen, Alleen und Plätzen gehört der Stadtteil aus dem 19. Jahrhundert zu den schönsten Ecken von Den Haag. Durch die Nähe zu Einrichtungen wie dem Internationalen Strafgerichtshof und verschiedenen Botschaften strahlt das Statenkwartier eine internationale Atmosphäre aus. In dieser Umgebung fühlen sich Expats schon seit vielen Jahren zu Hause. Darum sind hier oft verschiedene Sprachen wie Englisch, Deutsch und Französisch zu hören. Auch das Angebot der Geschäfte ist auf das internationale Publikum ausgerichtet.

Die Route beginnt am Museon. Hier finden Sie neben dem Museon auch das Gemeentemuseum (Städtisches Museum), das Fotomuseum und das Omniversum. Die drei Museen unterscheiden sich deutlich voneinander und verfolgen jeweils einen anderen Ansatz. Das Omniversum ist ein Filmsaal. Ein Besuch lohnt sich auf alle Fälle. Von hier aus gehen oder radeln Sie über die Stadhouderslaan und biegen dann links auf den Platz Statenplein ab. Nachdem Sie diesen überquert haben, gelangen Sie zur Willem de Zwijgerlaan. Folgen Sie dieser Straße, bis Sie zur Frederik Hendriklaan gelangen. Sie haben Ihr Ziel erreicht, wenn Sie an der Kreuzung zu Ihrer Rechten den bekannten Den Haager Buchhandel Paagman sehen. Die Frederik Hendriklaan, auch „Fred“ abgekürzt, gehört zu den reizvollsten und bemerkenswertesten Einkaufsgebieten der Stadt. Hier erwartet Sie fast ein Kilometer Einkaufsvergnügen. Auf der Straße selbst und in den Seitenstraßen der Umgebung finden Sie über 130 verschiedene Geschäfte

mit einem jeweils einzigartigen Angebot in den Bereichen Mode, Freizeit, Wohnen, Essen und Trinken, Hobby und vieles mehr. Wenn Sie von der Willem de Zwijgerlaan links in die Frederiklaan abbiegen, sehen Sie am Ende der Straße einige schöne Gebäude, die in ihrem ursprünglichen Zustand mit ihren charakteristischen Fassaden erhalten geblieben sind. Von hier aus gehen Sie geradeaus weiter auf die Aert van Goesstraat. Jetzt wird es Zeit, sich bei Hudson, Bar & Kitchen zu entspannen. Von dort geht es weiter bis zur Cornelis de Wittlaan. Dort biegen Sie links ab. Nach wenigen Metern gelangen Sie wieder zu Ihrem Startpunkt. Auf der Stadhouderslaan haben Sie die Möglichkeit, mit der Straßenbahn 17 wieder zurück ins Zentrum oder ins Zeeheldenkwartier zu fahren. Oder Sie unternehmen mit dem Fahrrad einen Abstecher nach Scheveningen. Dazu fahren sie auf der President Kennedylaan bis zur Johan de Wittlaan, in die sie links einbiegen. Wenn sie dieser Straße folgen, gelangen Sie zum Scheveningseweg. Dort biegen Sie nach links ab und folgen der Straße geradeaus weiter bis nach Scheveningen.

Essen & Trinken:

1 Naga Thai
2 Brasserie Berlage
3 Hudson Bar & Kitchen

Einkaufen:

1 Hollywood
2 Luna Azul

Das müssen Sie sehen:

1 Museon
2 Omniversum
3 Gemeentemuseum Den Haag
4 Fotografiemuseum

Sie erreichen das Statenkwartier, wenn Sie ab Bahnhof Den Haag Centraal mit der Straßenbahn 16 bis zur Haltestelle Museon/Gemeentemuseum fahren. Darüber hinaus hält die Straßenbahn auf dieser Strecke auch an verschiedenen Stellen in der Innenstadt.

Auch mit dem Fahrrad ist das Statenkwartier gut zu erreichen. Am Ende von Route 2 am Friedenspalast fahren Sie über die Laan van Meerdervoort bis zur Kreuzung Waldeck Pyrmontkade. Dort biegen Sie links ab. Bei der Groot Hertoginnenlaan überqueren Sie die Straße und fahren geradeaus weiter auf der Stadhouderskade. Nach der nächsten Ampelkreuzung sehen Sie zu Ihrer Rechten das Museon.

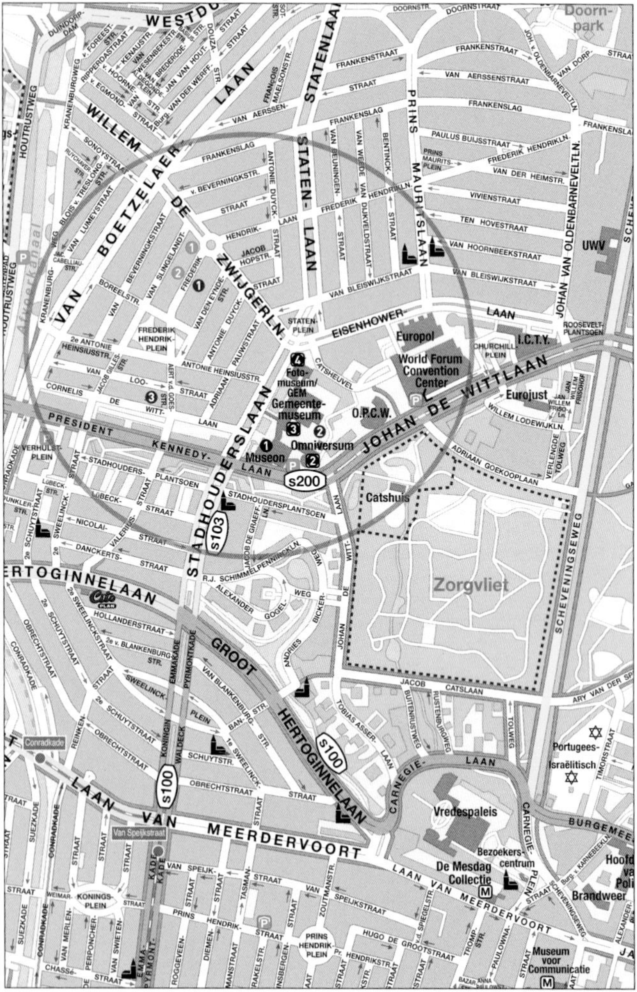
WESTDUINWEG
WILLEM
VAN BOETZELAER
LAAN
STATENLAAN
STATEN-
LAAN
DE
ZWIJGERLN.
PRINS
MAURITSLAAN
FRANKENSTRAAT
FRANKENSLAG
VAN AERSSENSTRAAT
PAULUS BUIJSSTRAAT
FREDERIK HENDRIKLN.
VAN DER HEIMSTR.
VIVIENSTRAAT
TEN HOVESTRAAT
VAN HOORNBEEKSTRAAT
VAN BLEISWIJKSTRAAT
JOHAN VAN OLDENBARNEVELTLN.
UWV
EISENHOWER-
LAAN
Europol
World Forum
Convention
Center
I.C.T.Y.
CHURCHILL-
PLEIN
ROOSEVELT-
PLANTSOEN
JOHAN DE WITTLAAN
Eurojust
WILLEM LODEWIJKLN.
O.P.C.W.
Foto-
museum/
GEM
Gemeente-
museum
Omniversum
Museon
s200
PRESIDENT
KENNEDY-
LAAN
STADHOUDERSLAAN
s103
STADHOUDERSPLANTSOEN
ADRIAAN GOEKOOPLAAN
Catshuis
Zorgvliet
SCHEVENINGSEWEG
HOUTRUSTWEG
FREDERIK
HENDRIK-
PLEIN
VERHULST-
PLEIN
HERTOGINNELAAN
GROOT
HERTOGINNELAAN
s100
JACOB CATSLAAN
CARNEGIE-
LAAN
Vredespaleis
Portugees-
Israëlitisch
Conradkade
Van Speijkstraat
LAAN VAN MEERDERVOORT
Bezoekers-
centrum
De Mesdag
Collectie
Brandweer
PRINS
HENDRIK-
PLEIN
KONINGS-
PLEIN
Museum
voor
Communicatie
Doorn-
park
Afvoerkanaal

Museon

Das Museon ist ein beliebtes Wissenschaftsmuseum. Der Schwerpunkt der Sammlung liegt auf den Bereichen Geologie, Biologie, Archäologie, Geschichte, Naturwissenschaft und Ethnologie. Das Museon will Menschen dazu zu inspirieren, die Welt um sich herum zu erkunden und ihr eigenes Wissen sowie ihre Fähigkeiten zu entfalten. **Adresse**: Stadhouderslaan 37, www.museon.nl/en, Öffnungszeiten: Di-So 11:00-17:00 Uhr, Eintritt: Erwachsene €6, Jugendliche (12-18 Jahre) €4,50, Kinder (4-11 Jahre) €3,50 und freier Eintritt bis 3 Jahr

Ominiversum

Das Omniversum ist ist das erste und größte Kino in den Niederlanden mit einer Kuppelleinwand. Es ist eine spannende Erfahrung, einen Film im Omniversum zu sehen. Das Omniversum ist das erste IMAX-Kuppelfilmtheater, das in Europa gebaut wurde und das einzige seiner Art in den Benelux-Ländern. Die faszinierenden Bilder nehmen die Besucher mit an unbekannte Ziele und in die Welt der Naturgewalten, Wissenschaft und Kultur. Alle Filme werden auf Niederländisch gezeigt, aber es ist möglich, sie in ihrer Originalfassung zu sehen. Kopfhörer sind am Schalter erhältlich (1 €) und können am Sitz eingesteckt werden. Sie können auch Ihre eigenen Kopfhörer verwenden. **Adresse**: President Kennedylaan 5, www.omniversum.nl/english, die Öffnungszeiten finden Sie auf der Webseite, Eintritt: Erwachsene €10,75, Kinder von 4 bis 11 Jahren €8,75. Für Kinder unter 4 Jahren ist der Eintritt frei, vorausgesetzt sie besetzen keinen eigenen Sitz.

Gemeentemuseum Den Haag

Das Gemeentemuseum Den Haag erwartet Sie im modernen Wohnviertel Duinoord. Stylistisch sind die Häuser in dieser Gartenvorstadt von den traditionellen niederländischen Stiftungshäusern (Hofjes) inspiriert. Das städtische Museum mit seiner schönen Architektur dürfen Sie auf keinen Fall verpassen. Das 1935 von HP Berlage entworfene Museum zeigt eine große Auswahl an Materialien zur Geschichte der Stadt. Dazu sind Kunstwerke aus dem 19. und 20. Jahrhundert sowie angewandte und dekorative Kunst (einschließlich Keramik, Silber und Möbel) ausgestellt. Hinzu kommt eine bemerkenswerte Sammlung traditioneller und elektronischer Musikinstrumente. Besonders hervorzuheben ist der Abschnitt mit moderner Kunst, wo zahlreiche Werke von Piet Mondriaan und Paul Klee ausgestellt sind. Zu dieser Sammlung gehören unter anderem Mondriaans frühe, realistische Werke und sein Pièce de Résistance, „Victory Boogie Woogie". **Adresse**: Stadhouderslaan 41, www.gemeentemuseum.nl/en, Öffnungszeiten: Di-So 11:00-17:00 Uhr, Eintritt: Erwachsene €13,50, freier Eintritt für Kinder unter 18 Jahren.

Fotomuseum Den Haag

Das Fotomuseum Den Haag hat im Dezember 2002 eröffnet. Jedes Jahr organisiert das Museum etwa sechs verschiedene Ausstellungen, die ein breites Spek-

trum von Stilperioden, Disziplinen und Genres der Fotografiegeschichte abdecken. Das Museum steht in Verbindung mit einem wichtigen Preis: der jährlich verliehenen Silbernen Kamera für niederländischen Fotojournalismus. Das GEM (Museum für zeitgenössische Kunst) und das Fotomuseum Den Haag sind Teil des Gemeentemuseum, obwohl diese nicht im selben Gebäude untergebracht sind und separate Eintrittspreise erheben. **Adresse**: Stadhouderslaan 43, www.fotomuseumdenhaag.nl/en, Öffnungszeiten: Di-So 12:00-18:00 Uhr, Eintritt: Erwachsene €8, freier Eintritt für Kinder unter 18 Jahren.

Essen & Trinken

Hudson Bar & Kitchen

Das Hudson Bar & Kitchen erwartet Sie in idealer Lage im Statenkwartier. Dieses amerikanische Restaurant hat eine tolle Atmosphäre. Auf der Speisekarte stehen amerikanischen Klassiker wie Chili con Carne, All-American Ribs, Smashing Salmon und Smokey Beef Wrap. **Adresse**: Aert van der Goesstraat 21-23, www.restauranthudson.nl, Öffnungszeiten: Mo-Di ab 16:00 Uhr und Mi-So ab 12:00 Uhr.

Naga Thai

Hier können Sie entspannen, genießen und sich auf die Reise begeben. Entdecken Sie den authentischen, ausgewogenen Geschmack der traditionellen Küche Thailands in einer modernen, thailändischen Umgebung. Bei Naga Thai bekommen Sie Mittag- und Abendessen sowie Gerichte zum Mitnehmen. **Adresse**: Frederik Hendriklaan 264, www.nagathai.nl Öffnungszeiten: Mo-So 12:00-22:00 Uhr.

Brasserie Berlage

Das Restaurant Brasserie Berlage erwartet Sie in fantastischer Lage im Garten des Gemeentemuseum Den Haag. Hier dürfen Sie kulinarische Raffinesse, zeitgenössische Einflüsse und Klassisches erwarten. Speisen Sie à la carte, bestellen Sie ein leichtes Mittagessen, eine Tasse Kaffee oder einen abendlichen Absacker. **Adresse**: President Kennedylaan 1, www.brasserieberlage.nl, Öffnungszeiten: Di-So ab 11:00 Uhr.

Hollywood

Einer der auffälligsten Läden an der Frederik Hendriklaan. Dank der breiten Palette an Produkten und Dienstleistungen ist dies der „Place to Be" für Frauen, die auf Mode, Stil und Körperpflege wert legen. **Adresse**: Frederik Hendriklaan 217c.

Luna Azul

Der Name Luna Azul (blauer Mond) erinnert an Ibiza: Sonne, Meer, Traumstrände, entspannte Leute und tolle Kleidung. Aus diesem Gefühl heraus ist der Laden Luna Azul in Den Haag entstanden. Im vielseitigen und außergewöhnlichen Angebot an Kleidung und Accessoires sind verschiedene Marken miteinander vermischt. **Adresse**: Frederik Hendriklaan 265, www.lunaazul.nl.

Abseits der Routen
park Clingendael

Park Clingendael

Auch wenn der Park Clingendael außerhalb des Stadtzentrums von Den Haag liegt, ist das Landgut auf jeden Fall einen Besuch wert. Mitten im Park Clingendael liegt das Huys Clingendael. Außerdem gibt es in Clingendael einen japanischen Garten und einen holländischen Garten (Hollandse tuin). **Adresse**: Clingendael 12 a, Eintritt: kostenlos. Ab Hauptbahnhof Den Haag oder Bahnhof Den Haag Hollands Spoor nehmen Sie den Bus 18 bis zur Haltestelle Clingendael.

Miniaturstadt Madurodam

Im Miniaturpark Madurodam sehen Sie bekannte niederländische Gebäude und Landschaften im Miniaturformat. Alles ist im Maßstab 1:25 verkleinert. Für Touristen bietet Madurodam die tolle Gelegenheit, alle Sehenswürdigkeiten der Niederlande in wenigen Stunden zu besichtigen. Der Park hat im Jahre 1952 eröffnet. **Adresse**: George Maduroplein 1, www.madurodam.nl/, Eintritt: €16,50, freier Eintritt für Kinder bis 3 Jahre. Wenn Sie die Tickets online kaufen, bekommen Sie einen Rabatt. Die Öffnungszeiten finden Sie auf der Website. Anfahrt: Nehmen Sie die Straßenbahn 9 vom Hauptbahnhof Den Haag oder vom Bahnhof Hollands Spoor und steigen Sie an der Haltestelle Madurodam aus. Wenn Sie von Scheveningen aus anreisen, nehmen Sie den Bus 22 in Richtung Duinzigt bis zur Haltestelle Plesmanweg oder zur Haltestelle Madurodam der Straßenbahnlinie 9.

Museum Louwman

Im Museum Louwman können Sie die älteste private Automobilsammlung der Welt bewundern. Die Sammlung umfasst mehr als 230 historische und klassische Automobile. Zwei Generationen der Familie Louwman haben diese Sammlung zusammengetragen. Experten beurteilen sie als eine der besten der Welt. Das Museum Louwman verfügt über sieben Veranstaltungsräume, ein Theater und einen Balkon. Diese eignen sich für geschäftliche Treffen, Tagungen, Empfänge oder ein Abendessen. **Adresse**: Leidsestraatweg 57, www.louwmanmuseum.nl, Eintritt: Erwachsene €14, Jugendliche (13 bis 18 Jahre) €7, Kinder (5 bis 12 Jahre) €5. Für Kinder bis 4 Jahre ist der Eintritt frei. Öffnungszeiten: Di-So 10:00-17:00 Uhr.

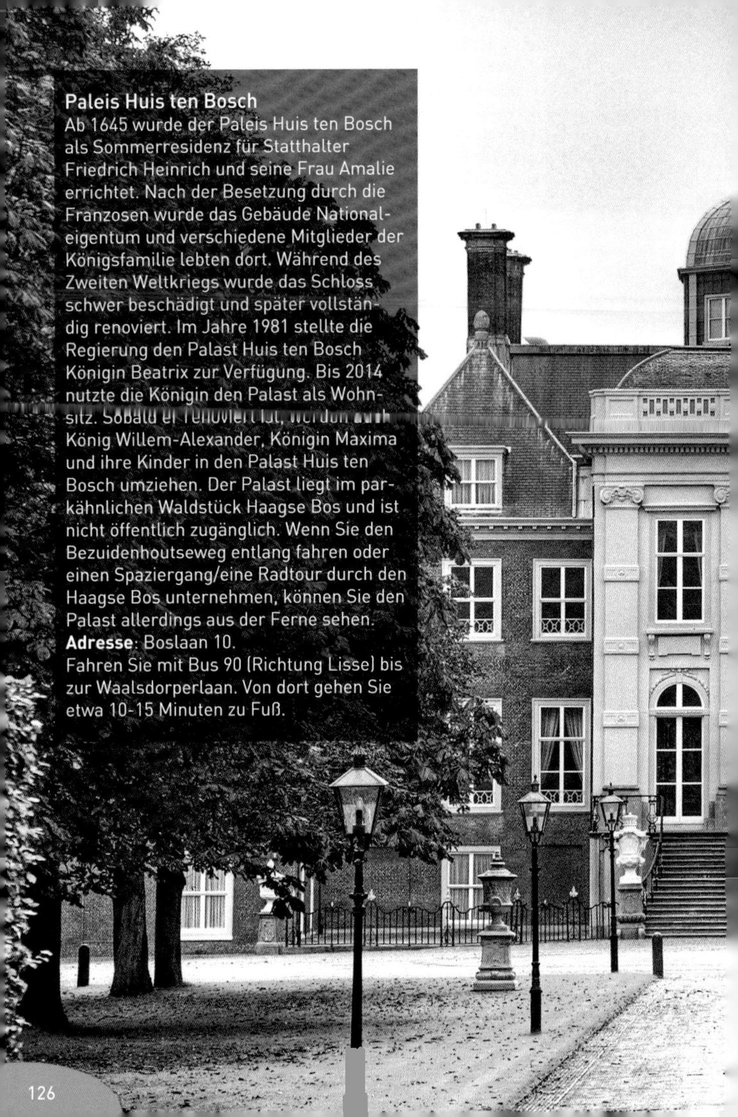

Paleis Huis ten Bosch

Ab 1645 wurde der Paleis Huis ten Bosch als Sommerresidenz für Statthalter Friedrich Heinrich und seine Frau Amalie errichtet. Nach der Besetzung durch die Franzosen wurde das Gebäude Nationaleigentum und verschiedene Mitglieder der Königsfamilie lebten dort. Während des Zweiten Weltkriegs wurde das Schloss schwer beschädigt und später vollständig renoviert. Im Jahre 1981 stellte die Regierung den Palast Huis ten Bosch Königin Beatrix zur Verfügung. Bis 2014 nutzte die Königin den Palast als Wohnsitz. Sobald er renoviert ist, werden auch König Willem-Alexander, Königin Maxima und ihre Kinder in den Palast Huis ten Bosch umziehen. Der Palast liegt im parkähnlichen Waldstück Haagse Bos und ist nicht öffentlich zugänglich. Wenn Sie den Bezuidenhoutseweg entlang fahren oder einen Spaziergang/eine Radtour durch den Haagse Bos unternehmen, können Sie den Palast allerdings aus der Ferne sehen.

Adresse: Boslaan 10.

Fahren Sie mit Bus 90 (Richtung Lisse) bis zur Waalsdorperlaan. Von dort gehen Sie etwa 10-15 Minuten zu Fuß.

Scheveningen

Kurhaus

Scheveningen

Nur einen Steinwurf von Den Haag entfernt erwartet Sie der Strand von Scheveningen. Jedes Jahr locken die lauschige, belebte Promenade, das imposante Kurhaus-Hotel und der weit in die Nordsee hinein reichende Pier tausende Besucher in das historische Fischerdorf. An warmen Sommertagen tummeln sich sonnenhungrige Einheimische ebenso wie Touristen am Strand. Neben dem Strand ist auch der Scheveninger Hafen mit seinen schicken Restaurants und gemütlichen Cafés ein beliebter Anziehungspunkt für Einheimische und Besucher. Der älteste Teil von Scheveningen befindet sich rund um die Oude Kerk (Alte Kirche) an der Keizerstraat, die gleichzeitig die belebteste Einkaufsstraße ist. Daneben können Sie in Scheveningen einige schöne Museen besichtigen. Dazu gehören das Museum Beelden aan Zee, Sea Life und Muzee Scheveningen. Dort können Sie unter anderem viele wichtige Objekte zur niederländischen Seefahrt sehen. Scheveningen ist für seinen Hafen bekannt und die verschiedenen Museen spiegeln den Stolz auf die Hafengeschichte des Ortes deutlich wider. Eine Besteigung des Leuchtturms ist auch sehr beliebt. Das ganze Jahr über finden verschiedenste Veranstaltungen statt, unter anderem das Internationaal Vliegerfestival (Drachenfestival), das Neujahrstauchen das Kunstfestival TodaysArts. Scheveningen ist auf jeden Fall einen Besuch wert.

So erreichen Sie Scheveningen mit dem öffentlichen Nahverkehr

Der Badeort Scheveningen ist nur 15 Straßenbahnminuten vom Zentrum Den Haags entfernt. Die Linie 1 verbindet Delft, Rijswijk, Den Haag und Scheveningen. Von den Bahnhöfen Den Haag Hollands Spoor und Den Haag Centraal können Sie mit den Straßenbahnen 1, 9 und 11 oder mit dem Bus 22 nach Scheveningen fahren. Die Straßenbahnen und Busse verkehren von 7 bis 24 Uhr und fahren im 10-Minuten-Takt nach Scheveningen. Wenn Sie mit dem Fahrrad unterwegs sind, fahren Sie erst zum Vredespaleis (Friedenspalast) und dann weiter auf den Scheveningseweg. Am Ende dieser Straße befindet sich Scheveningen.

Geschichte von Scheveningen

Der Ortsname Scheveningen wird zum ersten Mal in einer Urkunde von 1357 auf. Darin wird ein Graf um einen Gefallen gebeten. Möglicherweise sorgte die wachsende Nachfrage an Meeresfrüchten in der nahe gelegenen, reichen Ansiedlung dafür, dass sich Fischer an der nahen Küste niederließen. Im 16. Jahrhundert war Scheveningen lediglich ein kleines Fischerdorf mit nur knapp über 900 Einwohnern. Haupteinnahmequelle war die Fischerei. Mit dem Bau des Scheveningseweg wurde der Strand für die Einwohner Den Haags zugänglich. Damit füllte sich Scheveningennach und nach mit Ausflüglern, die hier dem Sand und der Sonne frönten. Anfang des 19. Jahrhunderts errichtete der Scheveninger Jacob Pronk das erste Badehaus für die Touristen. Damit war der Grundstein für eines der bekanntesten Gebäude von Scheveningen gelegt:

das Hotel Kurhaus, das im Jahre 1885 eröffnete. 1886 wurde das Kurhaus durch einen verheerenden Brand zerstört. Danach wurde das Hotel wieder aufgebaut – zusammen mit einem beeindruckenden Pier. Die Geschichte von Scheveningen wiederholte sich 1943: Der Pier erlitt dasselbe Schicksal wie das Kurhaus und brannte vollständig nieder. Jahre später wurde er wieder neu aufgebaut, denn ein Scheveningen ohne Pier wäre einfach nicht komplett. Im 19. Jahrhundert blühte die Fischerei in Scheveningen. Die Fischer hatten sich auf den Heringsfang spezialisiert. Doch durch die Überfischung der Nordsee sowie veraltete Schiffe und Techniken waren diese Tage gegen Ende des 19. Jahrhunderts gezählt. Als Fischerdorf hatte Scheveningen viele Kneipen. Der richtige Tourismus begann aber erst, als zwei breitere Straßen, der Badhuisweg und die Nieuwe Parklaan, angelegt waren. Es wurde ein Hotel nach dem anderen gebaut, so dass sich das ehemals beschauliche Fischerdorf in ein beliebtes Ferienziel verwandelte.

Kurhaus
Das Kurhaus ist ein Herzstück von Scheveningen. Das stattliche Gebäude befindet sich direkt am Strand des Badeortes, mitten im Zentrum des bunten Treibens. Es wurde zwischen 1884 und 1885 erbaut. Ursprünglich bestand es aus einem Konzertsaal und einem Hotel mit 120 Zimmern. Im Jahre 1886 zerstörte ein Großbrand das Kurhaus-Hotel. Es wurde von 1886 bis 1887 wieder aufgebaut. In seinen Glanzzeiten übernachteten verschiedene Könige und Staatschefs im Kurhaus. Bis in die 1960er-Jahre hinein blieb das Kurhaus wegen der zahlreichen Auftritte namhafter Künstler ein Publikumsmagnet. Das letzte Konzert im Kurhaussaal gaben am 8. August 1964 die Rolling Stones, die anschließend aus dem Gebäude fliehen mussten. Das baufällige Kurhaus wurde 1969 geschlossen und 1975 vor dem Abriss bewahrt, indem es unter Denkmalschutz gestellt wurde. Danach wurde es komplett saniert und ist heute ein modernes Hotel.
Adresse: Gevers Deynootplein 30, www.amrathkurhaus.com.

Museum Beelden aan Zee
Das Museum Beelden aan Zee (Skulpturen am Meer) ist das einzige Museum der Niederlande, das sich auf moderne und zeitgenössische Skulptur spezialisiert hat. Das Museum ist voller schöner Statuen, Büsten und Portraits, die von niederländischen und internationalen Künstlern geschaffen wurden. Es wurde 1994 vom Sammlerehepaar Scholten-Miltenburg gegründet. Dem Museum ist ein Forschungszentrum, das Sculptuur Instituut angeschlossen. Beide Einrichtungen befinden sich in einem speziell von Wim Quist entworfenen Gebäude inmitten der Scheveninger Dünen.
Adresse: Harteveltstraat 1, www.beeldenaanzee.nl/engels/, Öffnungszeiten: Di-So 10-17 Uhr, geschlossen: 1. Jan., 27. Apr. und 25. Dez., Eintritt: Erwachsene €15, Kinder (13-18 Jahre) €7,50, freier Eintritt bis 12 Jahre.

Wussten Sie schon...?

In den Niederlanden sagen wir, dass man „auf" Scheveningen wohnt, nicht „in" Scheveningen. Der Ort ist nie eine unabhängige Gemeinde gewesen, sondern gehörte immer schon zu Den Haag.

Sea Life

Entdecken Sie die fesselnde, wunderschöne Unterwasserwelt im Sea Life Center in Scheveningen. Hier können Sie interessante Dinge über das Leben unter Wasser lernen und erstaunliche Lebewesen in 45 Aquarien beobachten. Treffen Sie faszinierende Tiere, unter anderem Rochen, Haie, Seesterne, Piranhas, Pinguine, Otter und noch viele andere.
Adresse: Strandweg 13, www.visitsealife.com/scheveningen/en/, Öffnungszeiten: Mo-So 10-18 Uhr, Jul./Aug. Bis 20 Uhr, geschlossen: 25. Dez. Eintritt: Erwachsene €16,75, Kinder (von 3-11) €12,75, Infos über Ermäßigungen finden Sie auf der Website.

Muzee Scheveningen

Das Museum vermittelt seinen Besuchern faszinierende Fakten über die Geschichte der Umgebung und über Meeresbiologie. Entdecken Sie, wie die Menschen an Bord eines Fischerbootes lebten. Steigen Sie hinab in die eisigen Abgründe der Tiefsee. Außerdem besitzt das Museum eine Sammlung von Zeichnungen und Gemälden mit einem gemeinsamen Thema: die Fischerei rund um Scheveningen. Wenn Sie das Museum besichtigen, sollten Sie auch das tropische Aquarium und die einzigartige Muschelsammlung nicht auslassen.
Adresse: Neptunusstraat 92, www.muzeescheveningen.nl, Öffnungszeiten: Di-Sa 10-17 Uhr, So 12-17 Uhr, montags geschlossen Eintritt: Erwachsene €7,50, Kinder (4-12 Jahre) €3,75, freier Eintritt bis 3 Jahre.

Leuchtturm Scheveningen

Der Leuchtturm wurde im 16. Jahrhundert errichtet. Etwa im Jahre 1850 wurde er nochmals erhöht, um seine Sichtbarkeit zu verbessern. Auf der Spitze des Leuchtturms wurde eine kupferne Kuppel mit einer neuen Lampe angebracht. In den 1870er-Jahren wurde ein neuer Leuchtturm entworfen. Dieser neue, zwölfeckige Leuchtturm aus Gusseisen wurde 1875 gebaut. Der Leuchtturm ist auf einen Abstand von bis zu 53 Kilometern sichtbar und gibt alle 10 Sekunden zwei Lichtsignale ab. Er befindet sich am Ende des Boulevards, rund einen Kilometer vom Kurhaus und vom Pier entfernt. Ganz in der Nähe liegen der Hafen und der Fischmarkt von Scheveningen. **Adresse**: Zeekant 12, www.muzeescheveningen.nl. Wenn Sie den Turm besteigen möchten, können Sie mit dem Muzee Scheveningen Kontakt aufnehmen. Besteigungen sind mittwochs und samstags und nur nach vorheriger Absprache möglich.

Ausgehen

Ausgehen in Den Haag und Scheveningen

Den Haag ist ein beliebtes Reiseziel. Die Stadt zieht Menschen aus aller Welt an, die aus vielen verschiedenen Gründen hierher kommen. Was Sie auf keinen Fall verpassen dürfen und wahrscheinlich auch nie mehr vergessen werden, ist das Nachtleben. Nach Einbruch der Dunkelheit verwandelt sich Den Haag in eine komplett andere Welt. Die Stadt erwacht in einer ganz anderen Atmosphäre zu neuem Leben. Das echte Epizentrum des Partylebens ist das Gebiet rund um den Grote Markt und den Plein. Am Grote Markt können Sie abends prima etwas trinken gehen. Das gilt ganz besonders bei warmem Wetter, wenn die vielen Restaurants und Kneipen rund um den Platz ihre Tische und Stühle nach draußen stellen. Das ganze Jahr über gibt es am Grote Markt immer wieder Liveauftritte, deren Höhepunkt sicherlich das PopHotSpot Summer Festival im Juni ist.

Das Sommerfestival garantiert einen Monat voller Livemusik von bekannten und weniger bekannten (inter-)nationalen Interpreten. Und das alles erleben Sie kostenfrei! Auch einen Besuch im Paard van Troje dürfen Sie auf keinen Fall auslassen. Die Konzertlocation mit mehreren Hallen liegt mitten in der Stadt. Die Nachtschwärmer tummeln sich auch oft an den Plätzen Plein und Buitenhof. Die Hotspots am Plein sind das De Tijd und das Millers.
Die beste Aussicht über Den Haag genießen Sie dagegen im Haagse Toren (Turm von Den Haag) mit seinem schicken Penthouse, wo Sie essen, trinken und ab 24:00 Uhr bis spät in die Nacht hinein tanzen können.
Im Zeeheldenkwartier ist der Anna-Paulowna-Platz für seine hübschen Cafés und Restaurants bekannt. Das Angebot an Restaurants in der Umgebung ist sehr vielseitig und reicht von indonesisch bis hin zu köstlichen Imbissbars.
Entlang der schönsten Grachten von Den Haag (Dunne Bierkade, Bierkade und Groenewegje) verläuft die „Avenue Culinaire". Hier gibt es jede Menge Cafés, die ganz besondere, abwechslungsreiche Gerichte bieten, unter anderem mediterrane, spanische und vegetarische Küche. Bei einem malerischen Panoramablick genießen Sie die köstlichsten Speisen und Getränke. Im Sommer sitzen Sie auf den im Wasser treibenden Caféterrassen besonders gemütlich.
Nach einem Strandtag in Scheveningen können Sie sich auch dort ins Nachtleben stürzen. Es gibt genügend Clubs, Bars und Cafés, um die ganze Nacht durchfeiern zu können. Die meisten Locations sind bis Mitternacht geöffnet, am Wochenende manchmal auch bis in die frühen Morgenstunden. Das Crazy Piano gehört zu den bekanntesten Pianobars der Niederlande. Wenn alle anderen Kneipen bereits zu sind, können Sie noch immer in die „Bar Hallo" einkehren. Diese ist bis um 4:00 Uhr am Morgen geöffnet und befindet sich gegenüber dem berühmten Kurhaus.
Musik, Theater, Tanz und Kinos – das alles bietet Den Haag in Hülle und Fülle. Wie wäre es mit einem Besuch in der Koninklijke Schouwburg, einem der ältesten Theater der Niederlande? Am Spuiplein mit seinen vielen Theatern und Kinos schlägt das kulturelle Herz der Stadt. In der Atmosphäre des Theater aan

het Spui fühlen sich die Besucher willkommen und ganz wie zu Hause. In den beiden Theatersälen sind Produktionen aus den ganzen Niederlanden sowie Sondervorstellungen mit Tanz und Musik zu sehen.
In Scheveningen ist das Zuiderstrandtheater einen Besuch wert. Sie finden es an der Südseite des Hafens von Scheveningen. Im Circustheater Scheveningen erwartet Sie ein breit gefächertes Programm mit unter anderem großen Musicalproduktionen. Wenn Sie Lust auf ein Spielchen haben, sind Sie im Holland Casino richtig.
Viele der Kinos von Den Haag liegen rund um den Binnenhof und an der Straße Spui. Das Filmhuis ist das führende Programmkino der Stadt. In den Pathé-Kinos am Buitenhof oder am Spuimarkt sehen Sie die aktuellsten Blockbuster. Alle Filme werden in Originalsprache mit niederländischen Untertiteln gezeigt. Die Ticketpreise liegen bei rund €10, je nach Anfangszeit. Auch in Scheveningen gibt es ein Pathé-Kino. Das Kinoprogramm finden Sie im monatlich erscheinenden Filmmagazin Preview, das in den Kinos ausliegt. Das Omniversum ist das erste und größte Kino mit einer kuppelförmigen Leinwand in den Niederlanden. Es ist auf alle Fälle einen Besuch wert, denn ein Film im Omniversum ist ein aufregendes Kinoerlebnis.

Ausgehen: Die besten Adressen in Den Haag und Scheveningen

Den Haag

→ Rund um den Grote Markt

Zwarte Ruiter (Schwarzer Reiter)
Der Zwarte Ruiter erwartet Sie in zentraler Lage am Grote Markt. Diese lockere Rockbar zieht ein junges Publikum an. Hier gibt es oft Livemusik.
Adresse: Grote Markt 27, www.gmdh.nl/zwarte-ruiter, Öffnungszeiten: Mo-Mi und So 11:00-01:00 Uhr, Do-Sa 11:00-01:30 Uhr.

Boterwaag
Die Restaurant-Bar Boterwaag befindet sich in der ehemaligen Stadtwaage (Waag). Mit neun Bieren vom Fass und einer vielseitigen Auswahl an Flaschenbieren ist die Boterwaag eine der Spezialbierkneipen in Den Haag. Das Lokal ist so eingerichtet, dass Sie sich hier gut in größeren Gruppen treffen können.
Adresse: Grote Markt 8a, www.gmdh.nl/boterwaag, Öffnungszeiten: Mo-Mi 10:00-01:00 Uhr, Do-Sa 10:00-01.30 Uhr und So 10:00-01:00 Uhr.

Paard van Troje (Trojanisches Pferd)
Sie tanzen gerne? Dann nichts wie auf ins Paard van Troje. Es liegt nur drei Gehminuten vom Grote Markt entfernt. Im Poppodium Paard van Troje erleben

Sie ein breit gefächertes Programm mit den unterschiedlichsten Künstlern und Genres, darunter Pop, Rock, Hip-Hop, Jazz, Blues, Americana, Weltmusik und sogar Stand-up Comedy oder Tanzshows. Und das alles erwartet Sie mitten im Herzen von Den Haag. **Adresse**: Prinsegracht 12, www.paard.nl, Öffnungszeiten und Preise finden Sie auf der Website.

Paardcafé

Im Paardcafé direkt neben dem Paard van Troje können Sie entspannt in den Abend starten. Jede Woche treten junge Bands auf der Bühne des Paardcafé auf. Entdecken Sie hier neue, talentierte Künstler und toben Sie sich auf der Tanzfläche aus, während die DJs ihr Ding durchziehen. **Adresse**: Prinsegracht 10, www.paard.nl, Öffnungszeiten: Mi 22:30-04:00 Uhr, Do, Fr, Sa 19:30-04:00 Uhr.

Club Seven

Wenn Sie an der Prinsegracht sind, lohnt es sich auch, im Club Seven vorbeizuschauen. Der Club Seven ist ein gemütlicher, stylischer Club mit internationaler Allüre. **Adresse**: Prinsegracht 10, www.clubseven.nl, auf der Website finden Sie Öffnungszeiten und Preise.

Buitenhof (gegenüber dem Binnenhof)

Havana

Nach dem Abendessen werden hier die Tische beiseite geschoben und im Havana beginnt ein abwechslungsreiches Programm, das für jeden etwas zu bieten hat. Am Freitag und Samstag verwandelt sich das Havana zum Hotspot von Den Haag. Jeden Sonntag nach 21:30 Uhr eröffnet das Havana die Tanzfläche und der DJ legt Latinoklänge und Bachata auf. **Adresse**: Buitenhof 19, www.havanadenhaag.nl, Öffnungszeiten: Mo-Mi 16:00-00:00 Uhr, Do 11:30-01:30 Uhr, Fr 11:30-04:00 Uhr, Sa 12:00-04:00 Uhr und So 12:00-01:30 Uhr.

BIT Grill & Café

Das BIT Grill & Café ist ein Steakhaus am Buitenhof, neben dem Hotel Corona. Im BIT (Best In Town) genießen Sie Frühstück, einen (geschäftlichen) Imbiss am Mittag, Kaffee oder Abendessen. Weil es mitten in der Stadt liegt, können Sie hier hervorragend Essen gehen, bevor Sie ins Theater oder Kino weiter ziehen. Das Pathé Buitenhof liegt gleich auf der anderen Straßenseite.
Adresse: Buitenhof 39, www.bitgrill.nl, Öffnungszeiten: So-Do 07:00-23:00 Uhr und Fr-Sa 07:00-00:00 Uhr.

Plein (Platz)

Grand Café de Tijd

Das De Tijd ist ein Grand Café mit einer eleganten internationalen Einrichtung, außergewöhnlichen Gerichten und Weinen sowie freundlichem, serviceori-

Ausgehen

Het Plein

[illegible]ton Personal, Das De Tijd bietet das perfekte Erlebnis für jeden Anlass. **Adresse**: Korte Poten 1, www.g[illegible].nl, Öffnungszeiten: Mo-Do 10:00-01:00 Uhr, Fr-Sa 10:00-02:00 Uhr und So 10:00-00:00 Uhr.

Millers

Wenn Sie in Den Haag schick ausgehen möchten, sind Sie im Millers an der richtigen Adresse. Mischen Sie sich unter die Expats und Einheimischen und erleben Sie einen tollen Abend. Das Millers glänzt mit einem vielfältigen Weinangebot und serviert Ihnen die unterschiedlichsten Cocktails, von den Klassikern über tropische Mischungen bis hin zu einer Auswahl an Gin Tonics.
Adresse: Plein 10a, www.millersdenhaag.nl, Öffnungszeiten: So-Mi 10:00-04:00 Uhr, Do 10:00-04:00 Uhr, Fr-Sa 10:00-04:30 Uhr.

Eetcafe Cloos

Im Cloos sind Sie die ganze Woche über jeden Tag willkommen. Probieren Sie die großartigen Drinks im Cloos und bestellen Sie dazu einen der köstlichen Snacks. Am Freitag und Samstag sorgt der DJ mit eingängigen Beats für Partystimmung. **Adresse**: Plein 12a, www.eetcafecloos.nl, Öffnungszeiten: So-Do 10:00-01:00 Uhr, Fr-Sa 10:00-02:30 Uhr.

Noordeinde

O'Casey's

Nicht weit vom Paleis Noordeinde entfernt empfängt Sie das O'Casey's. In diesem gemütlichen Irish Pub mit zwei Etagen finden verschiedene Liveauftritte statt. Sportbegeisterte können die Spiele ihrer Mannschaft auf mehreren TV-Monitoren verfolgen. Und sollten Sie zufällig am St. Patrick's Day in der Gegend sein, gehört ein kühles Guiness im O'Casey's quasi zum Pflichtprogramm.
Adresse: Noordeinde 140, www.ocaseys.nl, Öffnungszeiten: Mo-Fr ab 16:00 Uhr, Sa-So ab 12:00 Uhr, Bestellungen für die Küche werden bis 22:00 Uhr

angenommen.

The Fiddler

Das The Fiddler ist ein Pub im englischen Stil mit einer großen Auswahl an Bieren vom Fass. Nicht zuletzt wegen der hauseigenen Brauerei ist dieser besondere Pub auf jeden Fall einen Besuch wert. **Adresse**: Riviervismarkt 1, www.fiddler.nl, Öffnungszeiten: Mo 17:00-01:00 Uhr, Di, Mi und So 12:00-01:00 Uhr, Do-Sa 12:00-02:00 Uhr.

Societeit "Pijpela"

Wenn Sie bis in die frühen Morgenstunden versacken wollen, sind Sie hier gut aufgehoben. Fast nirgendwo sonst treffen Sie ein so bunt gemischtes Publikum. Dadurch bekommt dieses Lokal eine so nette und besondere Atmosphäre. **Adresse**: Noordeinde 14-a, Öffnungszeiten: 00:00-05:00 Uhr.

Scheveningen

Crazy Pianos

Das Crazy Pianos ist vermutlich die bekannteste Bar von Scheveningen. Das Publikum kommt aus dem ganzen Land, um in dieser Bar am Boulevard eine unvergessliche Nacht zu erleben. Ab 19:00 Uhr können sich die Gäste ihre Lieblingssongs wünschen und gemeinsam einen wundervollen Abend erleben. **Adresse**: Strandweg 21-29, www.crazypianos.com, Öffnungszeiten: Mo-Mi 12:00-02:00 Uhr, Do 12:00-03:00 Uhr, Fr 12:00-04:00 Uhr, Sa 11:00-04:00 Uhr und So 11:00-02:00 Uhr.

Hallo Feestcafé

Das Hallo Feestcafé befindet sich am Platz beim Kurhaus. Nach einem schönen Tag am Strand oder auf dem Boulevard können Sie hier richtig Gas geben. Das Hallo Feestcafé ist perfekt für Sie, wenn Sie ihren letzten Ferientag oder ihren Ausflug ans Meer mit einer Party abschließen wollen. Hier feiern Sie bei der besten Musik von damals und heute bis in die frühen Morgenstunden. **Adresse**: Gevers Deynootplein 129, www.halloscheveningen.nl, Öffnungszeiten: Mo-So 15:00-04:00 Uhr.

Het Brouwcafe De Hofnar

Das Brouwcafé De Hofnar in Scheveningen ist ein gemütliches, typisch niederländisches Café. Verabreden Sie sich hier mit Freunden auf ein Bier und genießen Sie die tolle Musik, die hier aufgelegt wird. Auf der Karte finden Sie fünfzig verschiedene Biersorten und Sie können an Bierverkostungen teilnehmen. **Adresse**: Doctor Lelykade 28, www.dehofnar.nl, Öffnungszeiten: Mo 11:00-00:00 Uhr, Di-Do 10:00-00:00 Uhr, Fr-Sa 10:00-01:00 Uhr und So 10:00-00:00.

Koninklijke Schouwburg

Die Koninklijke Schouwburg im lebendigen Stadtzentrum von Den Haag zählt zu den führenden Theatern der Niederlande. Die Koninklijke Schouwburg hat mehr als nur klassische Produktionen zu bieten. Das ganze Jahr über finden hier zahlreiche spannende Veranstaltungen und Festivals statt. Berühmte Schauspieler und Komödianten haben die historische Bühne bereits beehrt. Unter anderem gibt die preisgekrönte Amsterdamer Barokoper hier jede Saison ihre magischen Vorstellungen. **Adresse**: Korte Voorhout 3, www.ks.nl, das Programm finden Sie auf der Website.

Theater aan het Spui

Das Theater aan het Spui ist das selbst ernannte „Wohnzimmer von Den Haag". Hier stehen Kuriositäten, Wunderbares, Innovationen, Bewegung und natürlich traumhafte Darbietungen im Rampenlicht. Es befindet sich zwischen dem Filmhuis Den Haag und der Nieuwe Kerk. Das Theater aan het Spui ist ein mittelgroßes Theater mit Flachboden und zwei Sälen. **Adresse**: Spui 187, www.theateraanhetspui.nl, das Programm entnehmen Sie der Website.

Theater Diligentia

Das Theater Diligentia an der Straße Lange Voorhout ist seit über 200 Jahren nicht aus der Theaterwelt wegzudenken. Das Diligentia ist die Den Haager Bühne für Kabarett, Stand-up Comedy und künstlerische Auftritte. Neben dem Kabarettprogramm können Sie hier auch regelmäßig Familienvorstellungen, Jugendproduktionen und Konzerte von Pop bis Kammermusik besuchen. **Adresse**: Lange Voorhout 5, www.diligentia-pepijn.nl, das Programm finden Sie auf der Website.

Korzo Theater

Das Korzo Theater ist eine experimentierfreudige Bühne für Tanz und und Musik. Es ist nicht nur eines der größten niederländischen Produktionshäuser für Tanz. Am Korzo sind auch junge Choreographen willkommen, die hier ihr Talent entwickeln, an ihren Ideen feilen und ihre Arbeit schließlich dem Publikum präsentieren können. Das Korzo hat schon immer Wert darauf gelegt, Talente zu fördern und künstlerische Unternehmungen zu wagen. **Adresse**: Prinsestraat 42, www.korzo.nl/en, das Programm finden Sie auf der Website.

Zeeheldentheater

Das Zeeheldentheater erwartet Sie in Den Haags attraktiven Viertel Zeeheldenkwartier. Das Programm hat für jedes Alter etwas zu bieten. Erleben Sie hier spannende Vorstellungen und Tanzpartys. Das schöne Theater ist sehr besucherfreundlich und setzt auf Nachhaltigkeit. Dies ist ein Treffpunkt, an dem Sie Menschen kennen lernen und die Vielfalt der Kulturen erfahren können.

Adresse: Trompstraat 342, www.zeeheldentheater.nl, das Programm finden Sie auf der Website.

World Forum Theater

Im Inneren des World Forums befindet sich die größte Theaterhalle der Niederlande – das World Forum Theater. Sie bietet Platz für bis zu 2161 Zuschauer. Das Kultur- und Unterhaltungsprogramm in diesem Theater ist sehr breit gefächert. Es treten niederländische und internationale Künstler auf. Unter anderem finden hier Musicals, (Pop-)Konzerte, Kabarettvorstellungen und Ballettaufführungen statt. Auf dieser Bühne haben schon viele Berühmtheiten gestanden, unter anderem Frank Sinatra. Hier wurde die größte Schwanenseeaufführung der Welt gezeigt und das World Forum Theater gehört (seit 30 Jahren) zu den Veranstaltungsorten des North Sea Jazz Festival. **Adresse**: Churchillplein 10, www.worldforum.nl, das Programm finden Sie auf der Website.

AFAS Circustheater

Legendäre Musicals wie Miss Saigon, The Sound of Music und Tarzan locken zahlreiche Besucher ins AFAS Circustheater in Scheveningen. Neben Musicals stehen auch Konzerte sowie Kabarett- und Theatervorstellungen auf dem Programm. Etwa zwanzig Mal im Jahr treten hier auch internationale Künstler auf. Direkt neben dem Theater befindet sich ein Restaurant. **Adresse**: Circusstraat 4, www.stage-entertainment.nl, das Programm entnehmen Sie der Website.

Zuiderstrandtheater

Das Zuiderstrandtheater in Scheveningen ist das einzige Theater an der niederländischen Küste, wo Sie das Beste in Sachen Tanz, Musik und Unterhaltung erleben. Die einzigartige Lage inmitten der Dünen und das eindrucksvolle Gebäude mit Blick auf den Hafen an der Nordsee machen das Theater zu einem ganz besonderen Ort in den Niederlanden. Das Zuiderstrandtheater die zeitweilige Bühne für das Lucent Danstheater und für den Dr. Anton Philipszaal, bis das neue Theater am Spuiplein fertiggestellt ist. **Adresse**: Houtrustweg 505, www.zuiderstrandtheater.nl/ informatie/English, das Programm finden Sie auf der Website.

Kinos

Filmhuis

Das Filmhuis ist ein unabhängiges Kino, das Wissen über Film und die Liebe zum Kino weitergeben möchte. Hier werden Filme gezeigt, die Sie nicht so schnell in den Mainstreamkinos sehen werden. Zusätzlich organisiert das Filmhuis regelmäßig spezielle Programme, Festivals und Events.
Adresse: Spui 191, www.filmhuisdenhaag.nl/info/english-info, das Programm finden Sie auf der Website.

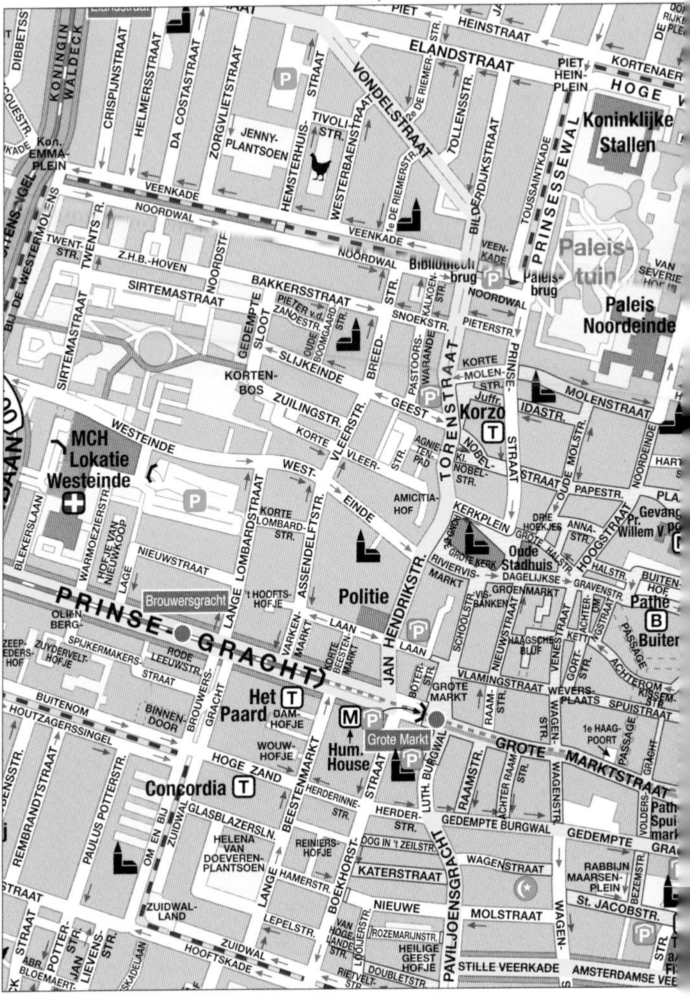

ELANDSTRAAT
HEINSTRAAT
PIET HEIN-PLEIN
KORTENAER
HOGE
Koninklijke Stallen
Paleis-tuin
Paleis Noordeinde
VONDELSTRAAT
2e DE RIEMERSTR.
1e DE RIEMERSTR.
TOLLENSSTR.
BILDERDIJKSTRAAT
TOUSSAINTKADE
PRINSESSEWAL
WESTERBAENSTRAAT
TIVOLI-STR.
HEMSTERHUIS-STRAAT
JENNY-PLANTSOEN
ZORGVLIETSTRAAT
DA COSTASTRAAT
HELMERSSTRAAT
CRISPIJNSTRAAT
KONINGIN WALDECK
DIBBETSS
Kon. EMMA-PLEIN
VEENKADE
NOORDWAL
BIJ DE WESTERMOLENS
TWENT-STR.
TWENTS R.
Z.H.B.-HOVEN
SIRTEMASTRAAT
NOORDSTR.
BAKKERSSTRAAT
PIETER v.d. ZANDESTR.
OUDE BOOMGAARD-STR.
GEDEMPTE SLOOT
SLIJKEINDE
BREED-STR.
SNOEKSTR.
KALKOEN-STR.
Paleis-brug
Bibliotheek-brug
PIETERSTR.
KORTE MOLEN-STR.
PRINSE-STRAAT
MOLENSTRAAT
PASTOORS-WARANDE
TORENSTRAAT
KORTEN-BOS
ZUILINGSTR.
GEEST
Juffr. IDASTR.
Korzo
NOBEL-STR.
KI. NOBEL-STR.
OUDE MOLSTR.
NOORDEINDE
PAPESTR.
MCH Lokatie Westeinde
WESTEINDE
KORTE VLEERSTR.
VLEERSTR.
WEST-EINDE
AGNIE-TEN-PAD
AMICITIA-HOF
KERKPLEIN
DRIE HOEKJES
ANNA-STR.
HOOGSTRAAT
Pr. Willem V
Gevang
KORTE LOMBARD-STR.
LOMBARDSTRAAT
ASSENDELFTSTR.
BLEKERSLAAN
WARMOEZIERSTR.
HOFJE VAN NIEUWKOOP
NIEUWSTRAAT
LAGE
Brouwersgracht
LANGE
't HOOFTS-HOFJE
Politie
JAN HENDRIKSTR.
GROTE KERK
Oude Stadhuis
GROTE HALSTR.
HALSTR.
RIVIERVIS-MARKT
DAGELIJKSE GROENMARKT
VIS-BANKEN
GRAVENSTR.
BUITEN-HOF
Pathe
Buiten
PRINSEGRACHT
OLIEN-BERG
ZUYDERVELT-HOFJE
SPIJKERMAKERS-STRAAT
RODE LEEUWSTR.
VARKEN-MARKT
KORTE BEESTEN-MARKT
LAAN
SCHOOLSTR.
NIEUWSTRAAT
HAAGSCHE BLUF
VENESTRAAT
ACHTER-OM
KETTINGSTRAAT
PASSAGE
ACHTEROM
GORT-STR.
KISSEM-STR.
BUITENOM
HOUTZAGERSSINGEL
BINNEN-DOOR
BROUWERS-GRACHT
Het Paard
DAM-HOFJE
Hum. House
Grote Markt
BOTER-STR.
GROTE MARKT
VLAMINGSTRAAT
RAAM-STR.
WEVERS-PLAATS
SPUISTRAAT
WAGEN-STR.
1e HAAG-POORT
GROTE MARKTSTRAAT
REMBRANDTSTRAAT
PAULUS POTTERSTR.
WOUW-HOFJE
HOGE ZAND
Concordia
BEESTENMARKT
HERDERINNE-STR.
STRAAT
LUTH. BURGWAL
RAAMSTR.
ACHTER RAAM-STR.
WAGENSTR.
VOLDERS-GRACHT
Pathe Spuimarkt
OM EN BIJ
ZUIDWAL
GLASBLAZERSLN.
HELENA VAN DOEVEREN-PLANTSOEN
REINIERS-HOFJE
HERDER-STR.
DOG IN 't ZEILSTR.
GEDEMPTE BURGWAL
GEDEMPTE GRACHT
PAVILJOENSGRACHT
WAGENSTRAAT
RABBIJN MAARSEN-PLEIN
BEZEMSTR.
KATERSTRAAT
HAMERSTR.
LANGE
BOEKHORST-STRAAT
NIEUWE MOLSTRAAT
St. JACOBSTR.
ZUIDWAL-LAND
LEPELSTR.
VAN HOGE-LANDE-STR.
LOOIJERSTR.
ROZEMARIJNSTR.
HEILIGE GEEST HOFJE
STILLE VEERKADE
AMSTERDAMSE VEERKADE
HOOFTSKADE
DOUBLETSTR.
RIETVELT-STR.
ABR. BLOEMAERT-STR.
POTTER-STR.
JAN LIEVENS-STR.

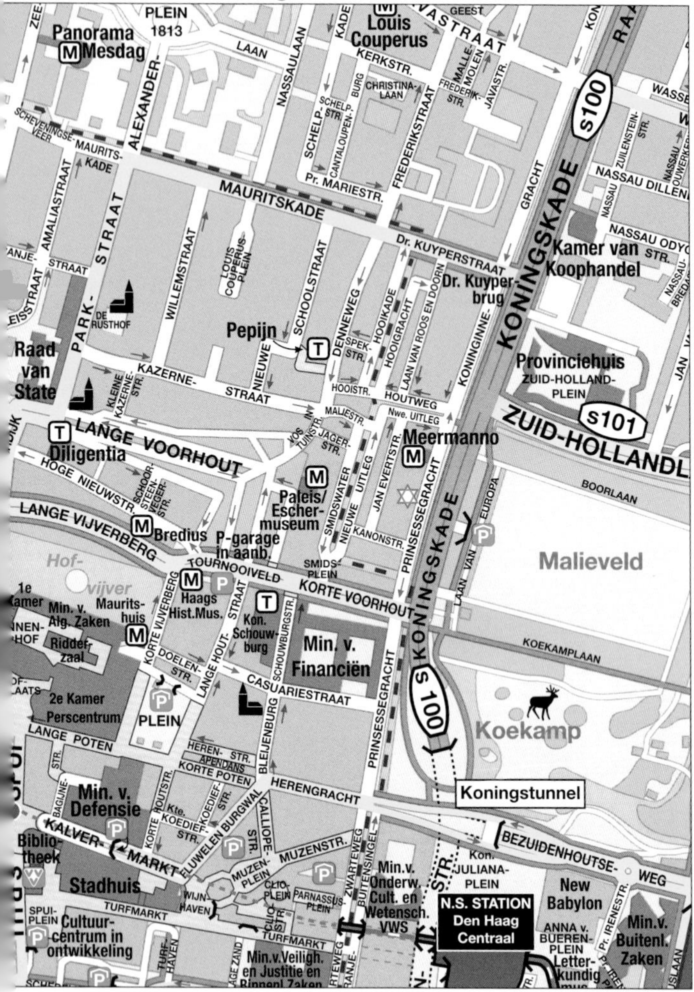
Panorama Mesdag
PLEIN 1813
ALEXANDER-
LAAN
NASSAULAAN
KADE
Louis Couperus
KERKSTR.
GEEST
VASTRAAT
MALLE MOLEN
FREDERIK-STR.
JAVASTR.
CHRISTINA-LAAN
SCHELP-STR.
SCHELP-
BURG
CANTALOUPEN-
FREDERIKSTRAAT
Pr. MARIESTR.
SCHEVENINGSE-VEER
MAURITS-KADE
MAURITSKADE
AMALIASTRAAT
PARK-STRAAT
WILLEMSTRAAT
LOUIS COUPERUS-PLEIN
SCHOOLSTRAAT
DENNEWEG
Dr. KUYPERSTRAAT
Dr. Kuyper-brug
GRACHT
KONINGSKADE
s100
WASSE
ZUILENSTEIN-STR.
NASSAU
NASSAU DILLEN
NASSAU ODYC STR.
NASSAU-BREDA
Kamer van Koophandel
DE RUSTHOF
Raad van State
Pepijn
NIEUWE
HOOIKADE
HOOIGRACHT
LAAN VAN ROOS EN DOORN
KONINGINNE-
SPEK-STR.
HOOISTR.
HOUTWEG
Provinciehuis
ZUID-HOLLAND-PLEIN
s101
ZUID-HOLLANDL
JAN VA
KAZERNE-STRAAT
KLEINE KAZERNE-STR.
MALIESTR.
Nwe. UITLEG
Diligentia
LANGE VOORHOUT
VOS IN TUINSTR.
JAGER-STR.
Meermanno
HOGE NIEUWSTR.
SCHOOR-STEEN-VEGER-STR.
Paleis/ Escher-museum
SMIDSWATER
NIEUWE UITLEG
JAN EVERTSTR.
PRINSESSEGRACHT
KONINGSKADE
EUROPA
LAAN VAN
BOORLAAN
Malieveld
LANGE VIJVERBERG
Bredius
P-garage in aanb.
KANONSTR.
Hof-vijver
TOURNOOIVELD
SMIDS-PLEIN
KORTE VOORHOUT
1e Kamer
Min. v. Alg. Zaken
Maurits-huis
Haags Hist.Mus.
KORTE VIJVERBERG
LANGE HOUT-STRAAT
Kon. Schouw-burg
SCHOUWBURGSTR.
Min. v. Financiën
KONINGSKADE
KOEKAMPLAAN
Ridderzaal
DOELEN-STR.
CASUARIESTRAAT
BLEIJENBURG
PRINSESSEGRACHT
s100
2e Kamer
Perscentrum
PLEIN
Koekamp
LANGE POTEN
HEREN-STR.
APENDANS
KORTE POTEN
HERENGRACHT
Koningstunnel
Min. v. Defensie
KORTE HOUTSTR.
Kte. KOEDIEF-STR.
KOEDIEF-STR.
BAGIJNE-
FLUWELEN BURGWAL
CALLIOPE-STR.
MUZENSTR.
BEZUIDENHOUTSE-WEG
KALVER-MARKT
Biblio-theek
Stadhuis
MUZEN-PLEIN
CLIO-PLEIN
PARNASSUS-PLEIN
ZWARTEWEG
BUITENSINGEL
Min.v. Onderw. Cult. en Wetensch.
VWS
Kon. JULIANA-PLEIN
N.S. STATION Den Haag Centraal
New Babylon
IRENESTR.
Min.v. Buitenl. Zaken
ANNA v. BUEREN-PLEIN
Letter-kundig
WIJN-HAVEN
TURFMARKT
SPUI-PLEIN
Cultuur-centrum in ontwikkeling
TURF-HAVEN
Min.v.Veiligh. en Justitie en Binnenl. Zaken

Delft

Einführung

Die Stadt Delft liegt in der Provinz Südholland, am Rhein-Schie-Kanal zwischen Den Haag und Rotterdam. Am 1. Januar 2016 zählte Delft etwas über 100.000 Einwohner.

Delft hat ein historisches Zentrum, entwickelte sich aber im 19. Jahrhundert zu einer Industriestadt. Mit ihrer technischen Universität und dem Forschungszentrum präsentiert sich die Stadt heutzutage als Delft Kennisstad (Stadt des Wissens) und dem Slogan „Geschichte erschaffen".

In der Geschichte der Niederlande ist Delft vor allem bekannt, weil Wilhelm I. von Oranien hier nach 1572 residierte und er hier im Jahre 1584 ermordet wurde. Seitdem werden die Mitglieder der Königsfamilie traditionell in Delft beerdigt.

Außerdem ist Delft als Heimatstadt von Johannes (Jan) Vermeer und des Delfter Blau berühmt. Vermeer wurde in Delft geboren und gehört zu den größten Künstlern des niederländischen „Goldenen Zeitalters". Das Delfter Blau ist das weltberühmte Steingut, das seit dem 16. Jahrhundert in Delft hergestellt wird.

Wussten sie Schon?

2016 ist Jan-Vermeer-Jahr in Delft. Anlass ist die zeitweilige Heimkehr des Meisterwerkes „Straße in Delft" (1658). Das Gemälde ist im Museum Prinsenhof zu sehen. Bis vor Kurzem war nicht geklärt, wo Vermeer die berühmte Malerei angefertigt hatte. Im November 2015 bewies ein altes Steuerregister, dass es sich um die Straße Vlamingstraat handeln muss.

Die Geschichte von Delft

→ Tip: Tourist Information Point
Für Fragen aller Art über Delft sind Sie beim Tourist Information Point genau richtig. Hier können Sie sich über Museen, Ermäßigungen, kostenloses WLAN, Rundfahrten, Arrangements, Hotels und Restaurants informieren. Sie können Fahrradkarten, Souvenirs und Bücher über Delft kaufen. Außerdem gibt es eine Gepäckaufbewahrung.
Address: Kerkstraat 3 (Market), www.delft.com
Öffnungszeiten: April-Sep: Mo & So 10:00-16:00 Uhr, Di-Sa 10:00-17:00 Uhr. Okt-März: Mo 12:00-16:00, Di-Sa 10:00-17:00 Uhr., So 11:00-15:00.

Geschichte von Delft

Delft ist eine alte Stadt. Schon im Jahre 1246 erhielt sie die Stadtrechte. Diese waren sehr wichtig für ein selbstständiges Funktionieren der Stadt. Schnell entwickelte sich Delft zu einer großen Handelsstadt. Es wurde in jeder Straße und auf jeder Brücke der Stadt Handel betrieben. Es wurden die verschiedensten Waren, vor allem aber Bier, gehandelt. Im Zentrum gab es über 200 Bierbrauereien. Dieser Handel war auch für den Export bestimmt. Delfter Bier war bis weit über die Landesgrenzen hinaus sehr beliebt.
Im 16. Jahrhundert wurde Delft zu einem Zentrum des Widerstandes und Wilhelm von Oranien fand hier Zuflucht. Der Delfter Prinsenhof wurde zum Mittelpunkt des Aufstandes gegen die Spanier, aber auch zum Schauplatz der Ermordung Wilhelm von Oraniens. Der „Vater der Nation" wurde 1584 in Delft getötet. Bis zum heutigen Tage sind die Einschusslöcher noch im Museum Prinsenhof zu sehen. Das mit Marmor verzierte, prunkvolle Grab des Prinzen können Sie in der Nieuwe Kerk, oberhalb des Grabkellers der Oranier, bewundern. Seitdem wurden fast alle Mitglieder des Königshauses in der Nieuwe Kerk in Delft begraben.

Nieuwe Kerk (Neue Kirche)

Im 17. Jahrhundert erlebte Delft ein wahres Goldenes Zeitalter. Delft spielte eine wichtige Rolle in der VOC (Ostindien-Kompanie), es gab viel Arbeit und den reichen Bürgern ging es gut. Sie errichteten so genannte Hofjes-Wohnungen für Benachteiligte. Delft ist als Stadt der Delfter Keramik mit ihrer jahrhundertealten Tradition auf der ganzen Welt bekannt. Im goldenen 17. Jahrhundert entstanden in Delft dutzende kleiner Steingutmanufakturen, und zwar an den Stellen, an denen früher Brauereien gewesen waren. Als Heimathafen der Ostindien-Kompanie kam Delft mit chinesischem Porzellan in Berührung. Dieses sollte die Inspiration für die blau bemalte Keramik aus Delft werden. In diesem Jahrhundert wurden in Delft zahlreiche bekannte Künstler und Wissenschaftler geboren, darunter auch Jan Vermeer, Anthonie van Leeuwenhoek und Hugo de Groot.

Nach dem Katastrophenjahr 1672 verschlechterte sich die ökonomische Lage der Stadt. Die Nachbarstädte Den Haag (als Regierungszentrum) und Rotterdam (als Hafenstadt) zogen an Delft vorbei.

Im Laufe des 19. Jahrhunderts entwickelte sich Delft zu einer echten Industriestadt. Nach ökonomisch weniger guten Zeiten sorgte die Koninklijke Gist- en Spiritusfabriek für Arbeitsplätze in der Stadt. Für die Arbeitnehmer wurde ein ganzer Stadtpark angelegt.

Die Gründung der Koninklijke Academie (heute: Technische Universiteit) im Jahre 1842 sowie des Forschungsinstitutes TNO im Jahre 1932 machte Delft auch zu einem Wissenschaftszentrum und zu einer Studentenstadt.

Gegenwärtig liegt die Einwohnerzahl von Delft bei rund 100.000. Jährlich besuchen rund 2 Millionen Touristen aus dem In- und Ausland die Stadt. Delft ist nicht nur ein historischer Ort mit einer wunderschönen Altstadt, sondern auch eine sehr lebendige Stadt mit vielen Läden, Terrassen, Cafés und Restaurants.

Einkaufen in Delft

Ein Einkaufsbummel in Delft lässt sich mit einem einzigen Wort umschreiben: wunderbar. Der Einkaufsbereich liegt in der historischen Altstadt von Delft. Hunderte Läden, Spezialgeschäfte und Boutiquen fügen sich mühelos in das Straßenbild mit seinen historischen Gebäuden, bezaubernden Plätzen und verschlungenen Grachten ein. Dazu kommt der Bonus, dass einkaufen in Delft autofrei ist.

→ Einkaufsgebiete in Delft

Um Ihr Shoppingerlebnis in Delft noch angenehmer zu gestalten, folgen hier einige Straßen, die Sie auf keinen Fall verpassen sollten. Beginnen Sie am Markt, dem zentralen Marktplatz der Stadt, und erkunden Sie das Gebiet rund um die Straßen Oude Delft, Choorstraat, Voldersgracht, Wijnhaven, Hippolytusbuurt und Vrouw Juttenland. Sie werden über die Vielfalt der Geschäfte staunen: Galerien, Geschenkeläden, exklusive Modeboutiquen und Läden mit lustigem Modeschmuck. In den vergangenen Jahren tauchen auch immer mehr Pop-up-

Stores an diesen Straßen auf. Entlang der hübschen Einkaufsstraßen Brabantse Turfmarkt, Burgwal, Gasthuislaan, Molslaan und Breestraat finden Sie jede Menge Modeboutiquen, Käse- und Weinläden sowie Spezialgeschäfte. Von hier aus sind es nur wenige Schritte bis zu den modernen Shoppingbereichen „In de Veste" und „Zuidpoort" (Südtor). Hier gibt es die größeren Geschäfte und Einzelhandelsketten.

→ Spaziergang durch Delft

Delft eignet sich ideal für einen Ausflug. Die Stadt ist kompakt, fast alle Sehenswürdigkeiten liegen rund um den Grote Markt (Großer Markt) und sind gut zu Fuß zu erreichen, wenn Sie mit dem Zug oder mit der Straßenbahn anreisen. Weil die meisten Touristen mit dem Zug kommen, beginnt dieser Spaziergang am Hauptbahnhof von Delft. Wenn Sie aus dem Hauptbahnhof kommen, gehen Sie über die Straße Westvest und dann nach rechts auf die Gracht Binnenwatersloot. Laufen Sie geradeaus weiter bis zur Gracht Oude Delft. Dort biegen Sie links ab und gehen dann sofort wieder rechts über die Brücke. Folgen Sie jetzt der Peperstraat. Am Ende dieser Straße gelangen Sie zur Gracht Koornmarkt. Dort können Sie eine Bootstour mit "Rondvaart Delft" unternehmen. Eine Fahrt mit dem Boot ist in jedem Fall eine unterhaltsame Art und Weise, die Stadt kennen zu lernen und sie vom Wasser aus aus einer anderen Perspektive zu entdecken.
Vom Koornmarkt sind es nur noch wenige Schritte bis zum Grote Markt. Auf dem Hauptplatz von Delft können Sie zwei berühmte Sehenswürdigkeiten, die Nieuwe Kerk (Neue Kirche) und das Rathaus (Stadhuis), bewundern. Mitten auf dem Platz befindet sich ein Standbild des bekannten Rechtsgelehrten Hugo Grotius (Hugo de Groot). An der Westseite des Marktes hinter dem Rathaus liegt "De Waag". Früher wurden hier die Marktwaren abgewogen und die alte Schreibweise war 'waeghe' oder 'waech'. Die Stadtrechte sahen unter anderem das Recht auf eine Stadtwaage vor. Händler mussten ihre Waren, darunter Butter und Käse, dort wiegen lassen. Oftmals galt ein minimales Gewicht von 10 Pfund. Heutzutage befindet sich ein Café-Restaurant in dem Gebäude.
Vom Grote Markt aus können Sie verschiedene Routen wählen. Sie können die Voldersgracht entlang gehen, an der das Vermeer Center liegt. Danach folgen Sie der Gracht Hippolytusbuurt, über die Brücke bis zur Oude Kerk (Alte Kirche). Dies ist die älteste Kirche von Delft und zugleich die Grabstätte von Jan Vermeer. Einen Steinwurf von der Oude Kerk entfernt befindet sich der Prinsenhof. Hier wurde der "Vater der Nation", Wilhelm von Oranien, am 12. Juli 1584 von Balthasar Gerards erschossen. Heute ist der Prinsenhof ein Museum, das auf jeden Fall einen Besuch wert ist.
Von hier aus können Sie sich auf den Rückweg machen. Probieren Sie unterwegs doch einen typisch holländischen Hering bei De Visbanken im berühmten Gebäude an der Cameretten 2!
Wenn Sie zurück am Grote Markt sind, können Sie jetzt die Jacob Gerritstraat

nehmen. Folgen Sie dieser Straße bis zum Brabantse Turfmarkt.
Am Brabantse Turfmarkt erwartet Sie Verkade & Jacques, der Käsespezialist von Delft. Hier sollten Sie auf jeden Fall einige der einzigartigen niederländische Spezialitäten probieren. Vom Brabantse Turfmarkt aus gehen Sie über den Burgwal bis zur Kirche Maria van Jesse. Die neogotische, römisch-katholische Gemeindekirche wurde zwischen 1875 und 1882 erbaut. Es war die erste katholische Kirche, die nach der Reformation im Stadtzentrum errichtet wurde. Die ehemals katholischen Kirchen Oude Kerk und Nieuwe Kerk wurden beide während der Reformationszeit protestantisch. Die zwei Türme der Maria van Jessekerk erinnern an diese beiden Kirchen: Sie sind den Türmen der Nieuwe Kerk und der Oude Kerk nachempfunden.
Über den Burgwal gelangen Sie zum Beestenmarkt, einem Zentrum des Delfter Nachtlebens. Von 1595 bis 1972 fand auf diesem Platz der Delfter Viehmarkt statt, auf dem die Bauern ihre Tiere zur Schau stellten. Hier bekommen Sie den besten Apfelkuchen bei Kobus & Kuch. Zum Mittag- und Abendessen sind Sie im Restaurant Vlaanderen richtig.
Wenn Sie vom Beestenmarkt die Molslaan entlang gehen und dann links auf die Gracht Oosteinde abbiegen, gelangen Sie zum Oostpoort (Osttor). Dies ist das einzige noch erhaltene Stadttor von Delft und wurde um das Jahr 1400 erbaut.

Von hier aus können Sie einen Abstecher zum Botanischen Garten oder zum Science Center machen. Alternativ können Sie über die Gracht Oosteinde wieder zurück ins Stadtzentrum gelangen und weiter die Innenstadt erkunden.

Essen & Trinken:

1 Pleck
2 De Waag
3 Restaurant Vlaanderen
4 Kobus & Kuch

Einkaufen:

1 Verkade & Jacques
2 Mollies
3 Stylekitchen
4 Kraal & Mineraal

Das müssen Sie sehen:

1 Die Oude Kerk (Alte Kirche)
2 Museum Prinsenhof
3 Die Nieuwe Kerk (Neue Kirche)
4 Rathaus
5 Vermeer Centre
6 Maria van Jessekerk
7 Beestenmarkt
8 Museum Paul Tétar van Elven
9 Gemeentelandshuis van Delftland
10 Oostpoort (Osttor)
11 Koninklijke Porceleyne Fles
12 Science Center Delft
13 Botanischer Garten

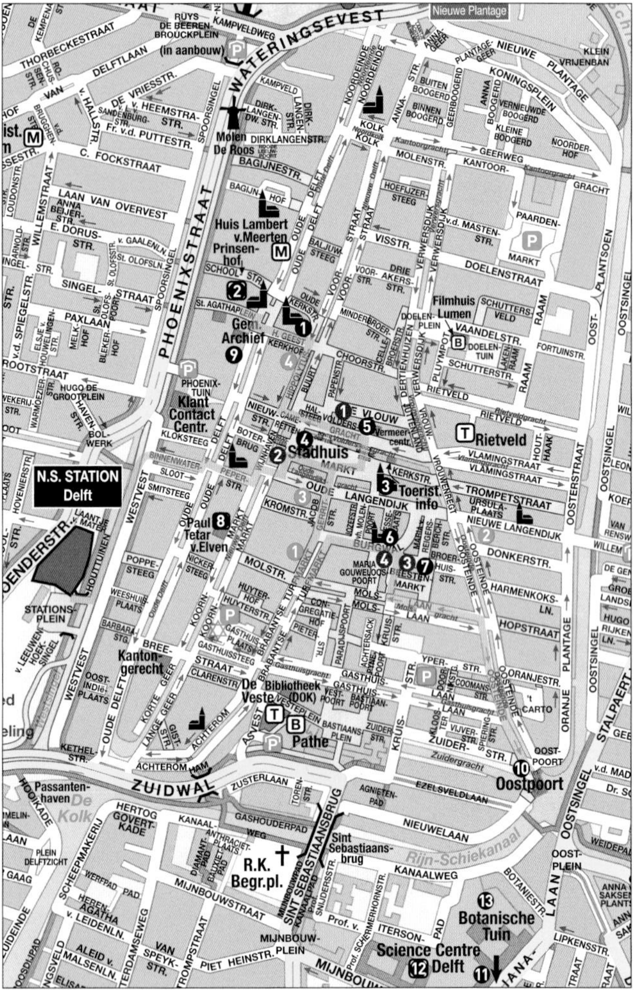
Nieuwe Plantage
WATERINGSEVEST
KAMPVELDWEG
RUYS DE BEEREN-BROUCKPLEIN
(in aanbouw)
THORBECKESTRAAT
DELFTLAAN
NIEUWE PLANTAGE
KONINGSPLEIN
KLEIN VRIJENBAN
Molen De Roos
DIRKLANGENSTR.
BAGIJNESTR.
C. FOCKSTRAAT
LAAN VAN OVERVEST
Huis Lambert v.Meerten
Prinsenhof
PHOENIXSTRAAT
SINGELSTRAAT
PAXLAAN
Gem. Archief
SPOORSINGEL
NOORDEINDE
KOLK
MOLENSTR.
GEERWEG
KANTOOR-GRACHT
PAARDENMARKT
VISSTR.
DOELENSTRAAT
Filmhuis Lumen
VAANDELSTR.
CHOORSTR.
RIETVELD
Rietveld
VOLDERSGRACHT
Vermeer centr.
Stadhuis
MARKT
Toerist. info
KERKSTR.
VLAMINGSTRAAT
TROMPETSTRAAT
NIEUWE LANGENDIJK
OOSTERSTRAAT
PHOENIX-TUIN
Klant Contact Centr.
N.S. STATION Delft
WESTVEST
OUDE DELFT
Paul Tetar v.Elven
MOLSTR.
KOORNMARKT
BURGWAL
BEESTENMARKT
DONKERSTR.
HARMENKOKSLN.
HOPSTRAAT
ORANJESTR.
STATIONSPLEIN
Kantongerecht
GASTHUISSTEEG
Bibliotheek (DOK)
De Veste
Pathe
ZUIDERSTR.
Oostpoort
ACHTEROM
ZUIDWAL
ZUSTERLAAN
EZELSVELDLAAN
Passantenhaven
De Kolk
HERTOG GOVERTKADE
GASHOUDERPAD
Sint Sebastiaansbrug
NIEUWELAAN
Rijn-Schiekanaal
R.K. Begr.pl.
KANAALWEG
MIJNBOUWSTRAAT
Botanische Tuin
Science Centre Delft
MIJNBOUWPLEIN
PIET HEINSTR.
OOSTSINGEL
STALPAERT
OOSTPLEIN

Rathaus von Delft

Das Rathaus von Delft ist ein bemerkenswertes, reich verziertes Bauwerk. Das Gebäude im Renaissancestil befindet sich am Markt in Delft, gegenüber der Nieuwe Kerk. Es wurde im 17. Jahrhundert vom Stadtarchitekten Hendrick de Keyser (1565 -1621) entworfen, nachdem das alte, aus dem Mittelalter stammende Gebäude 1618 den Flammen zum Opfer gefallen war. De Keyser hinterließ zwei architektonische Meisterwerke in Delft: das Grabmonument von Prinz Wilhelm von Oranien in der Nieuwe Kerk und das Rathaus am Markt, dem ehemaligen Sitz des Stadtparlaments. Heutzutage werden hier noch Ratssitzungen abgehalten und es finden Hochzeiten statt. **Adresse**: Markt 87.

Die Nieuwe Kerk

Die Nieuwe Kerk (Neue Kirche) ist eine protestantische Kirche. Sie liegt am Markt in Delft, dem Rathaus gegenüber. Die Nieuwe Kerk ist ein sehr geschichtsträchtiges Gebäude. Nachdem Wilhelm von Oranien hier begraben wurde, haben alle verstorbenen Mitglieder des niederländischen Königshauses hier ihre letzte Ruhestätte gefunden. Die königliche Familienkrypta ist nicht öffentlich zugänglich. Nach dem Turm des Utrechter Doms ist der Turm der Nieuwe Kerk der höchste Kirchturm der Niederlande. Tipp: Die Nieuwe Kerk kann besichtigt werden und Sie können sogar den Turm besteigen. Bitte denken Sie daran, dass Sie dazu 365 Stufen hoch und wieder herunter steigen müssen. Wenn Sie jedoch erst einmal die einzigartige, spektakuläre Aussicht über die Innenstadt genießen, sind die Anstrengungen schnell vergessen.
Adresse: Markt 80, www.oudennieuwekerkdelft.nl, Informieren Sie sich auf der Webseite über Eintrittspreise und Öffnungszeiten.

Die Oude Kerk

Die Oude Kerk (Alte Kirche) stammt aus dem Jahre 1246 und ist die älteste Kirche in Delft. Der Spitzname für die Kirche lautet „Oude Jan" (alter Jan). Ihr Markenzeichen ist der 75 Meter hohe Backsteinturm, der sich etwa 2 Meter aus dem Lot geneigt hat. In der Oude Kerk sind neben den niederländischen Seehelden Piet Heijn und Maerten Tromp auch der berühmte Delfter Maler Jan Vermeer, der Dichter/Prediger Stalpaert van der Wiele und der Physiker Anthony van Leeuwenhoek bestattet. **Adresse**: Heilige Geestkerkhof 25, www.oudennieuwekerkdelft.nl, Informieren Sie sich auf der Webseite über Eintrittspreise und Öffnungszeiten.

Museum "Het Prinsenhof"

Das Museum „Het Prinsenhof" ist ein besonderes, historisches Gebäude und ehemaliger Hof von Wilhelm von Oranien. Von diesem „Hauptquartier" führte er im 16. Jahrhundert den Widerstand gegen die spanische Besetzung an. Hier wurde der Prinz im Jahre 1584 von Balthasar Gerards ermordet. Die Löcher, welche die auf ihn abgefeuerten Kugeln in den Mauern des Haupttreppenhau-

ses hinterlassen haben, sind bis heute zu sehen. Ab 1657 diente ein Teil des Prinsenhofs als Markt. An den Marktständen wurden Stoffe, Leder, Wachs, Salz und exotische Importwaren wie Gewürze und Seide verkauft. Zwischen 1775 und 1807 war das Gebäude eine Lateinschule und von 1932 bis 1951 schließlich ein städtisches Museum. Heutzutage ist der Prinsenhof einer der Höhepunkte von Delft. In diesem Museum können Sie die niederländische Geschichte entdecken. Erfahren Sie, wie sich die Delfter Keramik zu einer globalen Marke entwickelte und welche wichtige Rolle die Stadt Delft und ihre Einwohner in der niederländischen Geschichte gespielt haben. **Adresse**: Sint Agathaplein 1, www.prinsenhof-delft.nl/en, Di-So 11-17 Uhr, geschlossen am 27. April, 25. Dez. und 1. Jan., Eintritt: Erwachsene €12, Kinder (13-18/4/12) €6/€3, freier Eintritt für Kinder bis 3 Jahre.

Vermeer Center

In Delft können Sie das Leben, das Werk und die Stadt des „Meisters des Lichts", Jan Vermeer (1632-1675), entdecken. Das Vermeer Centrum befindet sich im ehemaligen Gebäude der St.-Lukas-Gilde (Malergilde) an der Voldersgracht. Für Kunstkenner und Liebhaber alter Meister ist die Stadt Delft das Vermeerzentrum schlechthin. Hier wurde der berühmte Maler geboren, hier lebte und arbeitete er. Verfolgen Sie das Leben von Jan (auch: Johannes) Vermeer und erfahren Sie mehr über das Leben des Malers, seine Mentoren, seine Stadt und die versteckten Liebesbotschaften in seinen Gemälden. Finden Sie heraus, wie dieser Maler aus dem 17. Jahrhundert zum Meister des sogenannten „niederländischen Lichts" wurde. **Adresse**: Voldersgracht 21, www.vermeerdelft.nl/en, Öffnungszeiten: Mo-So 10-17 Uhr, geschlossen am 25. Dez. Eintritt: Erwachsene €9, Kinder von 12-17 Jahren €5, freier Eintritt für Kinder bis 11 Jahre.

Johannes Vermeer

Der bekannte Maler Jan Vermeer (auch: Johannes Vermeer) lebte von 1632 bis 1675. Zusammen mit Rembrandt van Rijn und Frans Hals gehört er zu den wichtigsten Malern des niederländischen Goldenen Zeitalters. Er wurde in Delft geboren und es ist wenig über sein Privatleben bekannt. Es scheint, als habe er die meiste Zeit seiner Arbeit gewidmet und seine Heimatstadt nie verlassen. Weil Vermeer von etwas Geheimnisvollem umgeben ist, wird er auch die „Sphinx von Delft" genannt. Ein Grabstein markiert die Stelle, an der er in der alten Kirche in Delft begraben ist. Im Laufe seines Lebens hat Vermeer relativ wenige Gemälde produziert (insgesamt nur 35). Seine Werke zeichnen sich durch eine akribische Farbgebung aus und er fängt das Licht auf eine Art und Weise ein, wie es kaum einem anderen Maler jemals gelungen ist. Seine Motive geben das Alltagsleben in Delft wieder und seine Interieurbilder zeigen einfache Szenen wie das berühmte *Mädchen mit dem Perlenohrgehänge*. Seine Kompositionen haben eine beinahe fotografische Qualität. Vermeer hat außerdem Stadtansichten und allegorische Darstellungen gemalt. Zu seinen bekanntes-

ten Gemälden zählen die *Allegorie der Malerei, Die Dienstmagd mit Milchkrug, Ansicht von Delft, Das Mädchen mit dem Weinglas, Die Spitzenklöpplerin* und *Der Liebesbrief*. Gegen Ende seines Lebens schmolz das Vermögen des Künstlers drastisch zusammen. Dies war vor allem eine Folge der katastrophalen wirtschaftlichen Lage, in der die Niederlande nach der französischen Invasion von 1672 verkehrten. Als Vermeer 1675 verstarb, hinterließ er eine Frau, 11 Kinder und enorme Schulden.

Das Stadttor von Delft

Etwa im 15. Jahrhundert schützte eine Stadtmauer mit acht Toren die Stadt Delft vor Feinden und Angreifern. Im Laufe der Jahre hat sich rund um die Mauern und Tore von Delft vieles verändert. Heute ist beinahe nichts mehr von der Stadtmauer und den Stadttoren übriggeblieben, die einst die Innenstadt umgaben.

Oostpoort (Osttor)

Oostpoort (Osttor)
Dieses um 1400 erbaute Tor ist das einzige erhaltene Stadttor Delfts. Es ist auch als Katharinentor bekannt. An der Nordseite des Oostport befinden sich Reste der mit Bögen versehenen Verteidigungsmauer. Diese erinnern daran, dass das Tor einst zu der gegen Eindringlinge errichteten Befestigungsanlage der Stadt gehörte. Mitte der 1960er-Jahre wurde das Tor restauriert und dient heute als Kunstgalerie und privates Wohnhaus.

Delfts Blauw
Die weltbekannte Delfter Keramik (auf Niederländisch „Delfts Blauw" genannt) wird seit dem 17. Jahrhundert in der Stadt Delft hergestellt. In der Zeit zwischen 1600 und 1800 gehörte Delft zu den wichtigsten Produktionszentren für Keramik in ganz Europa. Die Töpferwaren waren bei reichen Familien beliebt, die sich gegenseitig ihre Sammlungen zeigten. Auch wenn die Töpfer aus Delft gerne behaupteten, ihre Keramiken seien aus Porzellan gemacht, handelte es sich bei dem verwendeten Material nicht um echtes Porzellan. Die Delfter Keramik wurde in Wirklichkeit nicht aus dem speziellen, zur Herstellung von Porzellan benötigten Ton, sondern aus einfachem niederländischen Ton hergestellt. Bis heute gehört die Delfter Keramik zu den bekanntesten und gefragtesten Exportartikeln aus den Niederlanden.

Wussten Sie schon...?

Im Themenpark „Huis ten Bosch" in Japan steht eine Nachbildung des Oostpoort und der angrenzenden Zugbrücke.

Koninklijke Porceleyne Fles
Die *Koninklijke Porceleyne Fles* (international als Royal Delft bekannt)[1] ist die einzige der ehemals 32 Delfter Keramikmanufakturen aus dem 17. Jahrhundert, die immer noch besteht. Die Manufaktur *De Porceleyne Fles* produziert bis heute die Delfter Keramik und wurde 1653 gegründet. Beim Besuch dieser einzigartigen Sehenswürdigkeit bekommen Sie einen faszinierenden Einblick in die Ge-

Rondvaart Delft

Am schönsten ist es, das historische Delft von den jahrhundertealten Grachten aus zu entdecken und zu bewundern. Gerne zeigen die erfahrenen Schiffer von „Rondvaart Delft" Ihnen die Stadt und sie erzählen begeistert über das malerische Delft. Während der Rundfahrt erfahren Sie mehr über die niederländische Geschichte, die wunderschöne Altstadt , die Delfter Keramik, die Oranjestad, Jan Vermeer, Hugo de Groot, Piet Hein und noch viel mehr. **Adresse**: Koornmarkt 113, www.rondvaartdelft.nl/en

Die Oude Kerk (Alte Kirche)

schichte und den Produktionsprozess der Delfter Keramik. Getreu der Jahrhunderte alten Tradition wird die Delfter Keramik bis heute vollständig per Hand bemalt. Besuchen Sie die *Royal Delft Experience* und entdecken Sie die Welt der Delfter Keramik. **Adresse**: Rotterdamseweg 196, www.royaldelft.com, Öffnungszeiten: Mo-So 9-17 Uhr, vom 15. Nov-15. März 12-17 Uhr

Museum Paul Tétar van Elven

Paul Tétar van Elven (1823-1896) war ein Maler und Lehrer für Freihandzeichnen an der Polytechnischen Schule, aus der später die Technische Universität Delft hervorging. Von 1864 bis 1894 wohnte er in einem hübschen Grachtenhaus am Koornmarkt (Kornmarkt), das er samt seiner Einrichtung der Stadt vermachte. Neben seinen eigenen Arbeiten sind dort Kunstwerke seiner Zeitgenossen, antike Möbel, asiatisches Porzellan und Delfter Keramik ausgestellt. Das Grachtenhaus wurde 1927 in ein Museum für die Sammlung von Tétar van Elven umgewandelt. **Adresse**: Koornmarkt 67, www.tetar.nl, Öffnungszeiten: Di-So 13-17 Uhr, geschlossen montags und am 1. Jan., Eintritt: Erwachsene €5, freier Eintritt für Kinder unter 18 Jahren.

Gemeentelandshuis van Delftland

Dieses große, reich verzierte Herrenhaus wurde kurz nach 1500 errichtet. Es besteht aus verschiedenen Flügeln und einem Wachturm. Die Steinfassade wurde im Stil der späten Brabanter Gotik und mit vielen dekorativen, steinernen Skulpturen gestaltet. Portraits und heraldische Symbole erinnern an die Dynastie der Burgunder. Im Jahre 1645 erwarb der Wasserverband Delftland das Gebäude und richtete dort seinen Versammlungsraum ein. Über dem Eingang befindet sich eine Kartusche mit verschiedenen Wappen. Im Gartenzimmer ist eine bemalte Tapete aus dem 18. Jahrhundert zu bewundern. In den Jahren 1888 und 1931-33 wurde das Gebäude restauriert. Es wird bis heute vom Wasserverband genutzt. **Adresse**: Oude Delft 167.

Science Centre Delft

Das Science Centre Delft überbrückt die Kluft zwischen Kindern und der komplexen Arbeit von Studenten und Wissenschaftlern an der technischen Universität. Hier finden Sie eine ganze Reihe von Maschinen und Geräten, mit denen Kinder nach Herzenslust experimentieren können. Setzen Sie sich in einen Flugsimulator, experimentieren Sie mit Robotern und steuern Sie Boote nach einem Deichbruch. So wird komplizierte Wissenschaft zu einem anschaulichen, spannenden Erlebnis. **Adresse**: Mijnbouwstraat 120, http://www.sciencecentre.tudelft.nl/en/, Öffnungszeiten: Di-Fr 10-17 Uhr und Sa-So 11-17 Uhr, Eintritt: Erwachsene €7, Kinder von 9-17 Jahren €4, freier Eintritt bis 8 Jahre.

Standbild von Hugo de Groot

Hugo de Groot gehört zu den bekanntesten Persönlichkeiten der niederländischen Geschichte. Er wurde 1583 in Delft geboren und stammte aus einer einflussreichen Familie. Im Alter von 11 Jahren begann er sein Jurastudium und mit 16 Jahren wurde er Anwalt. Später war er als Diplomat und Historiker tätig. Hugo de Groot (auch: Hugo Grotius) ist vor allem für sein Werk „De jure belli ac pacis" - „Über das Recht des Kriegs und des Friedens", bekannt. Dieses Schriftstück sollte später zur Grundlage des Völkerrechts werden. Das Standbild auf dem Delfter Markt zeigt Hugo de Groot als Rechtsgelehrten. Das ist an der Toga, die er trägt und am Gesetzbuch in seinen Händen zu erkennen. Die Skulptur wurde 1886 vom Bildhauer Franciscus Stracké geschaffen. Das Bronzestandbild steht vor der Nieuwe Kerk (Neue Kirche), in der De Groot nach seinem Tod im Jahre 1645 begraben wurde.

Rathaus und Marktplatz in Delft

De waag

De Waag

Geschichte Dass De Waag ein Gebäude mit einer reichen Geschichte ist, kann man in allen Bereichen und in jeder Ecke spüren. Die Ursprünge des Gebäudes liegen weit in der Vergangenheit. Zum ersten Mal wird es 1342 erwähnt, auch wenn in den offiziellen Papieren die Zahl 1539 steht.

Stadtwaage Als betriebsame Handelsstadt war auch Delft dazu verpflichtet, alle Handelswaren in einer Stadtwaage wiegen zu lassen. Dazu wurde zunächst die eine Hälfte des heutigen Gebäudes genutzt. Die andere Hälfte kaufte die Stadt im Jahre 1644 dazu. Dies schaffte Platz für eine größere Waage. Diese hängt bis heute in De Waag und datiert aus dem Jahre 1647.

Obere und untere Etage Torf, Geflügel, Butter und Käse: Im belebten Handelszentrum auf der unteren Etage gingen viele Waren ein. Diese wurden unter anderem in Booten transportiert, die an der Rückseite anlegen konnten. Im oberen Geschoss befand sich die Gilde der Gold- und Silberschmiede, die später von der Gilde der Ärzte und Apotheker abgelöst wurde. Ein Stein auf der hinteren Fassade zeugt bis heute davon.

Aus zwei Gebäuden wird eins Im Jahre 1770 wurde De Waag grundlegend umgebaut, indem die ehemals zwei Gebäude zu einem zusammengefügt wurden. Nachdem die Gilden im Jahre 1798 abgeschafft worden waren, beheimatete das Obergeschoss zunächst ein Gymnasium, später eine Telefonzentrale.

De Waag wird De Waag! Um das Jahr 1960 wurden die letzten Käselaibe in der Stadtwaage gewogen. Danach nutzte die Stadt das Gebäude als Fahrradgarage und ab 1973 als Theater. Nach einem Umbau im Jahre 1999 eröffnet das heutige Café und Restaurant De Waag.

Pub Gemütlich zusammen sitzen und ein Bier trinken: Treten Sie ein – durch die Originaltüren der ehemaligen Stadtwaage. Drinnen werden sie direkt herzlich von der schön beleuchteten Bar empfangen. Auch wenn der Raum weitläufig und lebendig ist, finden Sie an jedem einzelnen Tisch eine intime Atmosphäre. Ein stimmungsvoller Ort, um mit Freunden, der Familie oder den Kollegen ein Gläschen zu trinken oder den berühmten Cappuccino zu genießen.
Öffnungszeiten: So-Mo 11.00 - 00.00 Uhr,Di-Do 10.00 - 01.00 Uhr,Fr-Sa 10.00 - 02.00 Uhr

Markt 11
+31 (0)15 213 03 93
info@de-waag.nl
www.de-waag.nl

Restaurant
+31 (0)15-214 46 00

Restaurant Kulinarischer Genuss à la carte in historischer Atmosphäre – das bietet Ihnen das Restaurant De Waag. Hier blicken Sie auf den Markt und andere wunderschöne Teile von Delft. Dabei genießen Sie die herrlichsten Gerichte aus der offenen Küche, zusammen mit exklusiven Weinen und mit etwas Hochprozentigem zum Abschluss. **Öffnungszeiten**: So-Mo 11:00 – 00:00 Uhr, Di-Do 10:00 – 01:00 Uhr, Fr - Sa 10:00 – 02:00 Uhr

Rathaus Delft

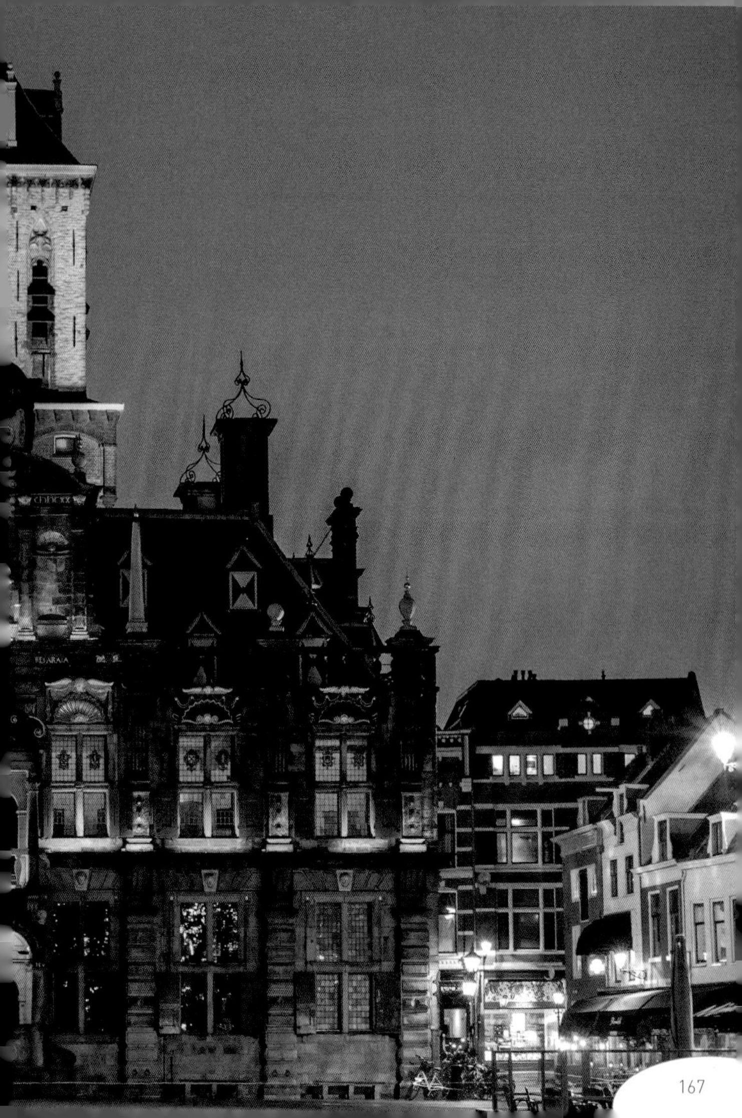

Nellie Hannewijk, Johan Visser und ihr Team freuen sich auf Ihren Besuch und beraten Sie gerne, damit Sie mit einem zufriedenen Gefühl nach Hause gehen können.

Verkade & Jacques

Sie lieben Käse und sind ein echter Feinschmecker? Dann ist ihr Besuch in Delft ohne einen Besuch bei Verkade & Jacques, dem Spezialisten für Käse, Aufschnitt, Wein und andere Delikatessen, nicht komplett. Hier finden Sie mehr als 300 verschiedene Sorten Käse, von denen die Hälfte in den Niederlanden hergestellt wird. Bei Verkade & Jacques bekommen Sie nicht nur die besten Sandwiches in der ganzen Stadt, sondern auch schöne Geschenkkörbe. Hier können Sie sich beinahe wie in einem kleinen Käsemuseum fühlen. Das riesige Angebot an Delikatessen der allerbesten Qualität macht Verkade & Jacques zu einer besonderen Adresse in Delft und Umgebung.
Verkade & Jacques ist ganz besonders für das umfangreiche Angebot an niederländischen Käsesorten bekannt. Hier bekommen Sie zum Beispiel den Noord-Hollandse Oorspronck aus den leicht salzigen Weiden der Provinz Nordholland. Dieser Käse trägt das Siegel "Geschützte Ursprungsbezeichung" der Europäischen Union, die (ähnlich dem französischen AOC-Siegel) nur Produkten zuerkannt wird, die aufgrund ihrer Herkunft einzigartig auf der Welt sind.

Der Noord-Hollandse Oorspronck unterscheidet sich in den folgenden Punkten:

- Herkunft --> Nordholland
- Rohstoff --> 100% Milch aus Nordholland
- Einzigartiges Produkt --> es gibt keinen vergleichbaren Käse
- Authentizität --> mit dem roten Qualitätssiegel "geschützter Ursprung" ausgezeichnet

Außerdem finden Sie hier einzigartige Käsesorten aus anderen Regionen der Niederlande, Käse aus den Nachbarländern und die beliebtesten Käseklassiker, die Sie zur Zubereitung Ihrer Lieblingsrezepte benötigen. Darüber hinaus überrascht das Geschäft mit saisonalen Käsesorten und Spezialitäten von Bauern aus der Umgebung.

Öffnungszeiten:
Mo 10:00-18:00 Uhr, Di-Fr 09:00-18:00 Uhr, Sa 08:00-17:30 Uhr, So. geschlossen.

Brabantse Turfmarkt 75
+31 (0)15 213 82 04
verkadejacques.nl

Folgen Sie und auf:
www.facebook.com/ pages/Verkade-Jacques/252346858224727

Die Alte Kirche

Pleck

An der Voldergracht 17A gibt es einen fantastischen Konzeptladen: PLECK. Hier finden Sie eine vielseitige Auswahl an Mode und Lifestyle-Produkten, die oft von Künstlern aus Delft gemacht sind. Wenn Sie schließlich genug vom Einkaufen haben, können Sie sich einfach im gemütlichen Café niederlassen und einen köstlichen Kaffee mit Kuchen, einen leckeren Snack, einen Salat oder ein Sandwich genießen. Die Leckerbissen sind so weit wie möglich mit Zutaten aus lokalem, biologischen Anbau und in Zusammenarbeit mit anderen Unternehmern aus Delft hergestellt. Bei PLECK können Sie kalte Getränke wie Fritz-Kola, Bionade und Vostok bestellen. Alle Produkte, die hier serviert werden, können Sie auch kaufen und mitnehmen, um sie unterwegs oder zu Hause zu genießen. Packen Sie ruhig Ihr Laptop aus. Für alle, die weniger auf Technik stehen, gibt es die Tauschbibliothek. Hier können Sie einfach ein Buch aussuchen und es entweder in der Lounge lesen oder mit nach Hause nehmen. Im Austausch dafür können Sie immer ein gutes Buch, dass Sie ausgelesen haben, hier zurücklassen. Denn: sharing is caring! Die robuste, industrielle und trotzdem warme, grüne Atmosphäre macht aus PLECK einen Ort, an dem Sie sich gerne aufhalten. Für sonnige Tage gibt es draußen eine kleine, gemütliche Terrasse mit Aussicht auf die schöne, historische Voldersgracht

Öffnungszeiten:
Di-Sa 10:00-18:00 Uhr, So 12:00-18:00 Uhr.

Voldergracht 17A
+31 (0)15-8892288
www.pleck.eu

Folgen Sie uns auf www.facebook.com/pleckdelft

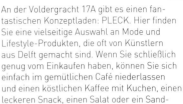

Ausgehen in Delft

Delft ist eine lebendige Studentenstadt. Darum ist hier auch in Sachen Nachtleben einiges los. Wenn Sie in Delft ausgehen möchten, lohnt sich eine Tour durch die tollen, traditionellen Kneipen in den historischen Gebäuden. Warme Sommernächte können Sie draußen unter freiem Himmel auf einer der zahlreichen Terrassen verbringen. Oder tanzen Sie die ganze Nacht durch. Es gibt einige bis in die frühen Morgenstunden geöffnete Clubs.

Die meisten traditionellen Kneipen („bruine cafés") in Delft befinden sich im historischen Stadtzentrum. Viele davon liegen rund um den Markt, an den Grachten Wijnhaven und Hippolytusbuurt oder an der Nieuwstraat. An lauen Sommerabenden gehen die Menschen oft etwas trinken, stehen draußen und plauschen bis spät in die Nacht. Der Beestenmarkt, die größte Freiluftterrasse von Delft, ist ein weiterer Hotspot des nächtlichen Treibens. An Freitag- und Samstagabenden treffen sich hier oft hunderte Menschen, um ein Bier oder einen Wein unter den 24 Ahornbäumen zu genießen. Rund um den Beestenmarkt liegen verschiedene Weinbars, Bierkneipen und Pubs.
Die vielen Terrassen im historischen Stadtkern sorgen dafür, dass ein Spaziergang durch Delft noch schöner wird. Gute Adressen, um etwas trinken

Beestenmarkt

zu gehen, sind die Gracht Oude Delft, der Platz Heilige Geestkerkhof (vor der Oude Kerk), der gemütliche Wijnhaven und der belebte Platz Doelenplein. Wie schon erwähnt ist der Beestenmarkt die größte Terrasse im Freien und der Treffpunkt für die Einheimischen. Auch am Brabantse Turfmarkt und am Burgwal finden Sie eine Reihe von Terrassen, auf denen Sie ein paar gemütliche Stunden verbringen können.

Café/Restaurant Vlaanderen

Genießen Sie auf burgundische Art in Delft – zum Beispiel mit einem tollen Frühstück oder einem leckeren Mittagessen. Zu Ihrem Spezialbier können Sie „Bitterbal“, den typisch niederländischen, mit Ragout

gefüllten Snack, bestellen. Auch das Abendessen ist ein Gedicht. Dazu stehen Ihnen verschiedene Weine zur Auswahl.

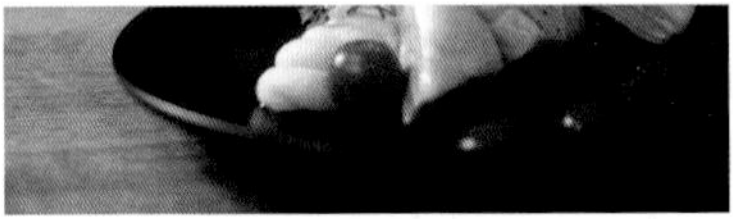

Öffnungszeiten: Mo-Do 11:00 - 01:00 Uhr, Fr 11:00 - 02:00 Uhr, Sa 11:00 - 02:00 Uhr, So 11:00 - 01:00 Uhr

Beestenmarkt 16
+31 (0)15 – 213 33 11
info@vlaanderen.nl
www.vlaanderen.nl

Folgen Sie uns auf:
www.facebook.com/
VlaanderenDelft

Wussten Sie schon…?
Von 1595 bis 1972 wurde auf dem Beestenmarkt der Delfter Viehmarkt abgehalten, auf dem die Bauern der Umgebung ihr Vieh präsentierten.

Café Kobus Kuch

Im Jahr 1988 hat das Café Kobus Kuch seine Türen zum ersten Mal geöffnet. Seitdem hat es sich zum beliebtesten Wohnzimmercafé von Delft entwickelt. Das ist sicher auch dem großartigen, hausgemachten Apfelkuchen zu verdanken, der hier mehrmals am Tag frisch aus dem Ofen kommt. Das Café Kobus Kuch hat auch eine große Terrasse auf einem der schönsten Plätze der Niederlande, dem Beestenmarkt. Seit Jahren steht das Lokal in den Café Top 100 der Niederlande und rangiert auf der Webseite TripAdvisor unter den besten 10 Adressen von Delft. In den Rezensionen werden selbstverständlich der Apfelkuchen, die vielen Spezialbiere vom Fass und aus der Flasche, die besondere Einrichtung sowie die freundliche Bedienung gelobt. Kommen Sie doch vorbei und erleben Sie es selbst!

Öffnungszeiten:
Mo-Di 09:30 - 01:00 Uhr
Fr-Sa 09:30 - 02:00 Uhr
So 10:00 - 01:00 Uhr

Beestenmarkt 1
+31 (0)15-2124280
www.kobuskuch.nl

Folgens Sie uns auf:
www.facebook.com/Kobus-Kuch-303219127057

Y. PLATEAU
J. MARTIN
Het H
Holland
Holland

Geschäfte in Delft

→ Mollies

Diese einladende Boutique steckt voller modischer Accessoires sowie neuer und gebrauchter Kleidung. Hier finden Sie alles für Ihren ganz persönlichen Stil. **Adresse**: Nieuwe Langendijk 1C, www.mollies.nl.

→ Stylekitchen

Stylekitchen werden Sie nicht mit leeren Händen verlassen, denn hier erwartet sie ein ansehnliches Angebot an Kleidung und Accessoires von aufstrebenden und etablierten Marken. **Adresse**: Oude Langendijk 10, www.stylekitchen.nl

→ Kraal & Mineraal

Schauen Sie auf jeden Fall rein, um die beeindruckende Kollektion mit schönem, edelsteinbesetzten Silberschmuck nicht zu verpassen. **Adresse**: Hippolytusbuurt 45, www.dekraalenmineraal.nl.

Leiden

Die Stadt Leiden (122.500 Einwohner /Stand: 2016) liegt im Westen der Niederlande in der Provinz Südholland. Durch Leiden fließt der Fluss Oude Rijn. Die Stadt ist für ihre Grachten, ihre Maler und ihre bewegte Vergangenheit bekannt. Die 1575 gegründete Universität Leiden ist die älteste der Niederlande. Sie ist besonders für ihre Fakultäten für Asienstudien, Physik und Astronomie sowie für ihren botanischen Garten (gegründet 1590) bekannt. Die Stadt geht auf römische Ursprünge zurück. Ab dem 16. Jahrhundert entwickelte sich Leiden zu einem wichtigen Standort des Textilhandels.

Im späten 16. Jahrhundert spielte Delft eine wichtige Rolle im Widerstandskampf der Niederländer gegen die spanische Besatzung. Als die Bewohner der Stadt bei der Belagerung von 1574 dem Hungertod nahe waren, wendete Wilhelm I. die Kapitualtion ab, indem er befahl, das Umland durch die Zerstörung der Deiche zu fluten. So konnten die niederländischen Freiheitskämpfer quer durch die Landschaft segeln und der Stadt zur Hilfe kommen.

Nachdem sich die Familie Elsevier im Jahre 1580 mit ihrer Druckerei in Leiden niedergelassen hatte, entwickelte sich die Stadt zu einem Zentrum des Buchdrucks. Leiden wurde auch für kurze Zeit zur Heimat zahlreicher Pilgerväter. Diese siedelten sich hier für 10 Jahre an, bevor sie 1620 nach Amerika weiter zogen. Leiden ist der Geburtsort des bekannten Wiedertäufers Jan van Leiden sowie der Maler Jan van Goyen, Jan Steen, Lucas van Leyden und Rembrandt. Die Stadt zeichnet sich durch eine Festung aus dem 10. Jahrhundert und zahlreiche denkmalgeschützte Bauwerke aus, darunter De Burcht, De Waag, die Windmühle De Valk, der Komplex Gravensteen, die Stadttore Morspoort und Zijlpoort und zwei historische Kirchen, die Pieterskerk (14. Jahrh.) und die Hooglandsche Kerk (15. Jahrh.). Die lebendige Stadt lockt auch mit zahlreichen Museen, vielen Häusern aus dem 17. Jahrhundert und jeder Menge Bars, Restaurants und Theatern. Sie haben die Wahl!

Die Geschichte von Leiden

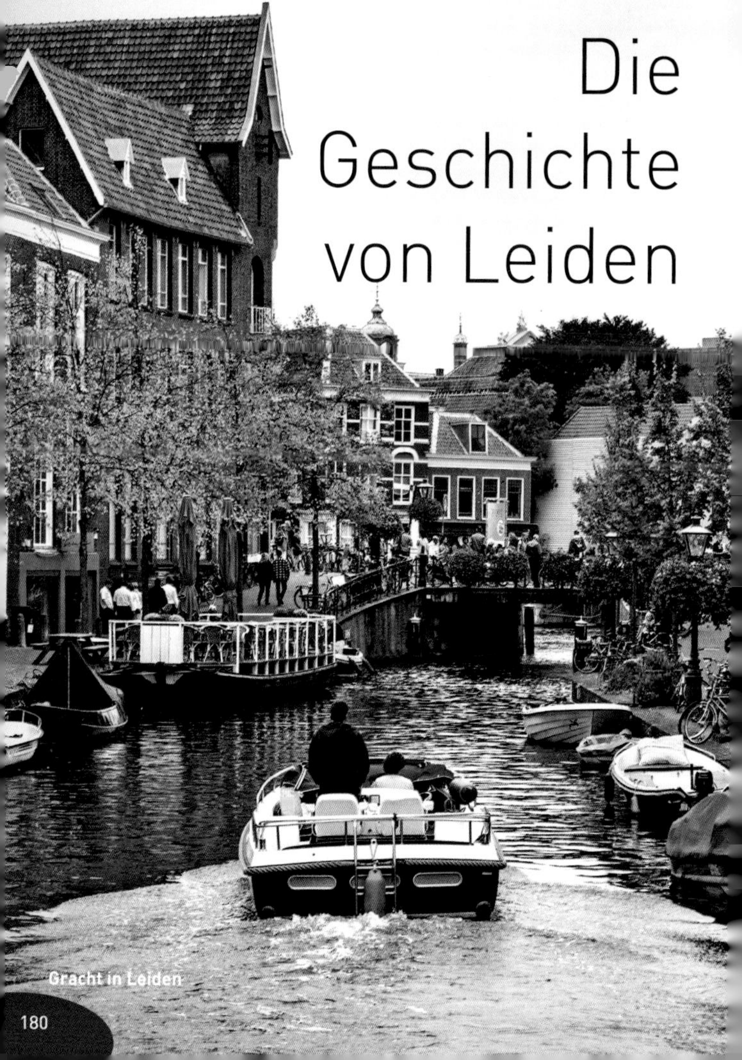

Gracht in Leiden

Die Geschichte von Leiden

Die Entwicklung von Leiden begann um das Jahr 860 herum als Ansiedlung auf einem Deich am Fuße einer Burg. Diese war strategisch am Zusammenfluss der Flüsse Oude Rijn und Nieuwe Rijn positioniert. Etwa im Jahre 1100 wurde Leiden zur Hofresidenz der Grafen von Holland. Die Stadtrechte erwarb Leiden im Jahre 1266.
Vom 13. bis zum 15. Jahrhundert florierte die Textilindustrie und sorgte für Reichtum, so dass sich Leiden zu einer der größten Städte in Holland entwickeln konnte. Im 16. Jahrhundert wuchs die kulturelle Bedeutung von Leiden. Die Stadt wurde zu einem internationalen Zentrum der Malerei (Lucas van Leyden, Rembrandt, Van Goyen, Van Steen). Ab dieser Zeit wurden auch immer wieder bedeutende archäologische Funde gemacht, darunter auch römische Artefakte. Viele von diesen sind im Rijksmuseum van Oudheden (Antikenmuseum) im Stadtzentrum ausgestellt.
Mit der Gründung der Universität im Jahre 1575 zog die Stadt bald viele bedeutende Wissenschaftler an.

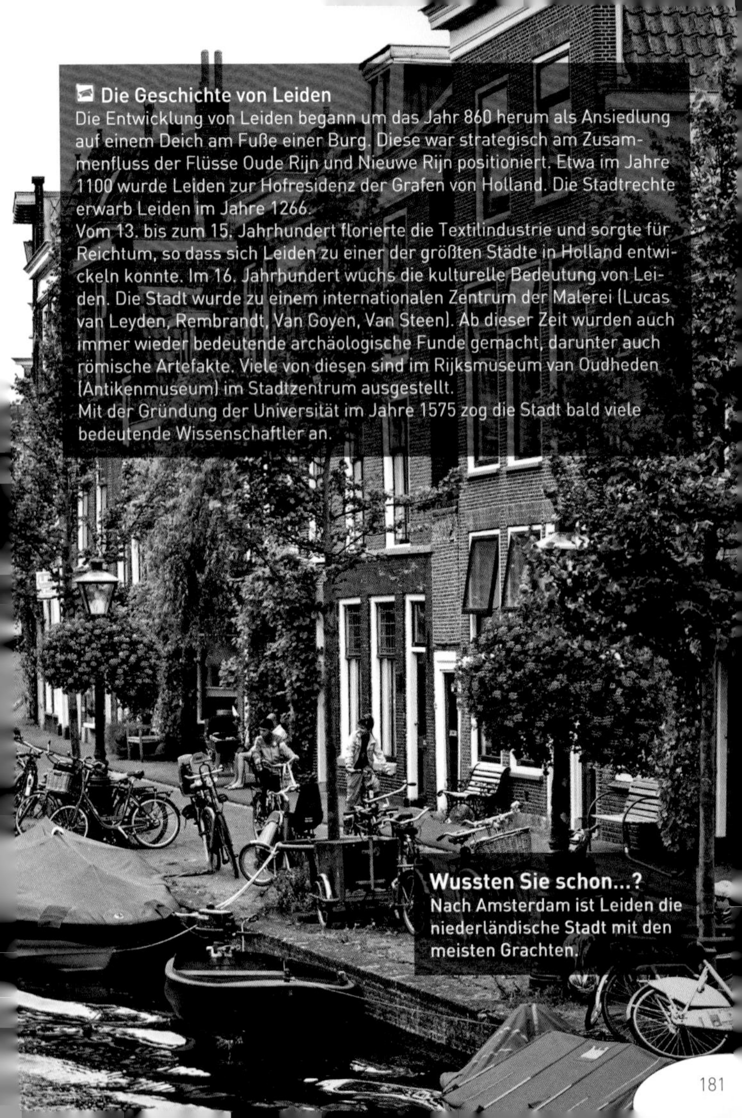

Wussten Sie schon...?
Nach Amsterdam ist Leiden die niederländische Stadt mit den meisten Grachten.

Dementsprechend wurde Leiden auch zu einem Zentrum des Buchdrucks und Verlagswesens (Elsevier, Plantijn). Um der Inquisition zu entkommen, veröffentlichte Galileo Galilei eines seiner bedeutendsten Werke, die Discorsi, in Leiden (1637).

Im Laufe des 17. Jahrhunderts, dem Goldenen Zeitalter der Niederlande, florierten Kunst, Wissenschaft und Gewerbe weiter. 1609 wurde der Maler Rembrandt in Leiden geboren. In dieser Zeit wurden auch die ersten wichtigen wissenschaftlichen und technischen Entdeckungen gemacht. Das Wachstum der Stadt setzte sich fort und 1670 war Leiden mit 70.000 Einwohnern nach Amsterdam die zweitgrößte Stadt in Holland.

Mit dem Niedergang der Textilindustrie im Laufe des 18. Jahrhunderts verarmte Leiden schnell. Am Ende des 19. und zu Beginn des 20. Jahrhunderts konnte sich die Stadt dank der Metall- und Druckindustrie davon erholen. Gleichzeitig erlebte die Universität von Leiden ein „zweites Goldenes Zeitalter", denn sie brachte eine Reihe von Nobelpreisträgern, vor allem in Physik und Medizin, hervor.
Am 12. Januar 1807 wurde die Stadt von einer Katastrophe getroffen: Ein Schiff mit 17.400 Kilo Schießpulver an Bord explodierte mitten im Zentrum. 151 Menschen fanden den Tod, über 2.000 wurden verletzt und es wurden mehr als 220 Wohnungen zerstört. König Louis Bonaparte stattete der Stadt einen persönlichen Besuch ab, um den Opfern beizustehen. Das zerstörte Gebiet blieb jahrelang unbebaut, auch wenn es sich mitten in der Stadt befand. Im Jahre 1886 wurde die Stelle in einen öffentlichen Park umgewandelt, den Van-der-Werff-Park.
Die Eröffnung der Eisenbahnstrecken von Leiden nach Haarlem im Jahre 1842 und ein Jahr später der Strecke nach Den Haag führte zu sozialen und wirtschaftlichen Verbesserungen. Das vielleicht wichtigste Kapitel, das Leiden zur Geschichte der Niederlande beigetragen hat, ist die Verfassung der Niederlande. Johan Rudolf Thorbeke (1798-1872) schrieb diese im April 1848 in seinem Haus am Leidener Garenmarkt 9.
Um 1896 wuchs Leiden über die Grenzen seiner Gräben aus dem 17. Jahrhundert hinaus. Die Zahl der Einwohner überschritt im Jahre 1900 die Marke von 50.000. Nach 1920 ließen sich neue Industriezweige wie Metall- und Konservenhersteller hier nieder. Im Zweiten Weltkrieg wurde Leiden durch Bomben schwer getroffen. Das Gebiet rund um den Bahnhof und das Viertel Marewijk wurden fast vollständig zerstört.
Nachdem sich die sozio-ökonomische Lage in den 1950er und -60er Jahren verschlechtert hatte, erholte sich Leiden schnell wieder davon. Die Stadt erhielt größere Fördergeldbeträge vom Staat, um die historische Innenstadt zu restaurieren. Es wurden neue Wohngebiete gebaut und der Bio Science Park in der Stadt wuchs in Folge der zahlreichen anwendungsorientierten Forschungs-

aktivitäten der Universität beständig. Heute ist Leiden zusammen mit seinen Vororten ein beliebtes Wohngebiet mit einem angenehmen sozio-ökonomischen und kulturellen Klima. Heutzutage liegt die Anzahl der Einwohner bei 120.000.

Einkaufen in Leiden

Das malerische Stadtbild und eine Vielfalt einzigartiger Geschäfte machen aus Leiden ein hervorragendes Ziel für einen Einkaufsbummel. Im nur wenige Schritte vom Hauptbahnhof entfernten Stadtzentrum erwarten Sie Dutzende Geschäfte. Straßen mit vielen Läden sind die Haarlemmerstraat, Breestraat, Lange Mare, Nieuwe Rijn, Burgsteeg, Hogewoerd und Doezastraat. In den geschäftigen Fußgängerbereichen dieser Straßen finden Sie vielfältige Einkaufsmöglichkeiten - vom kleinen Lädchen bis hin zu den großen Ketten.
Folgen Sie der lebhaften Haarlemmerstraat und gehen Sie über die prächtige Hooglandse Kerkgracht zum Viertel Pieterswijk. Dort können Sie durch die jahrhundertealten Gassen mit ihren Antiquitäten- und Kleidergeschäften schlendern. Die Boutiquen in den kleinen Seitenstraßen und Gassen der historischen Innenstadt machen das Einkaufen zu einem besonderen Vergnügen.
Die zahlreichen Cafés, Imbissstuben, Brasserien und Restaurants im Einkaufsviertel bieten Ihnen viele Möglichkeiten, sich einen Moment lang mit einer Erfrischung auf einem bequemen Stuhl zu entspannen. Es erwarten Sie guter Service, freundliche Mitarbeiter und Qualitätsprodukte.

Essen & Trinken

In Leiden finden Sie jegliche Art der Küche. Egal, ob Sie nach einem Snack, Frühstück, Mittagessen oder auch einem schicken Abendessen suchen - hier ist in jeder Preisklasse etwas zu haben. In Leiden gibt es über 100 Restaurants, Pubs und Lokale. Weil sich viele Restaurants, Cafés und Pubs in historischen Gebäuden befinden, wird Ihr Ausflug zu etwas ganz Besonderem.

Entlang des Flusses Nieuwe Rijn gibt es verschiedene Restaurants und Imbisslokale. Hier können Sie von den schönen Terrassen aus die Boote bewundern, die auf der Gracht vorbeifahren. Am Mittwoch und Samstag ist hier Markt.
Im Quartier Latin von Leiden, rund um die Pieterskerk, haben Sie die Wahl zwischen verschiedenen Restaurants. Spazieren Sie auch durch die Gasse Kloksteeg, die mit ihrer malerischen Aussicht auf die Pieterskerk zu den schönsten Sträßchen von Leiden gehört.

Die Straßen rund um die Hooglandsekerk eignen sich ideal für einen romantischen Spaziergang, der in einem der gemütlichen Restaurants am Wasser einen tollen Abschluss finden kann. Die Umgebung des Stadttores Morspoort ist ebenfalls sehr sehenswert. Hier gibt es verschiedene Restaurants, zum Beispiel mit französischer und spanischer Küche. Im Sommer sind auch die hübschen Straßencafés am Beestenmarkt eine tolle Option.

Spaziergang Leiden

Ihr Besuch in Leiden, der Stadt der Grachten, der ältesten Universität der Niederlande und vieler Museen, beginnt am Hauptbahnhof von Leiden. Diesen Ort kennen viele Touristen, weil sie an dieser Stelle zum ersten Mal die Stadt betreten. Der Spaziergang beginnt, sobald Sie den Hauptbahnhof verlassen. Gegenüber vom Bahnhof gehen Sie den Stationsweg entlang bis zur Brücke. Von der Brücke aus können Sie in einiger Entfernung zu Ihrer Linken De Valk sehen, die einzige noch erhaltene Stadtmühle von Leiden. Heute beherbergt sie ein Museum. Die Windmühle aus Stein wurde 1743 errichtet.

Folgen Sie nun der Steenstraat und gehen Sie links weiter auf den Beestenmarkt. Wenn Sie jetzt weiter laufen und den Nieuwe Beestenmarkt überqueren, sehen Sie erneut die Windmühle De Valk. Sie befinden sich nun an der Gracht Oude Singel, die von alten, oft wunderschön restaurierten Villen gesäumt ist. An der Nummer 32 finden Sie das Stedelijk Museum de Lakenhal. Dieses Gebäude, das zwischen 1640 bis etwa 1800 gebaut wurde, war von entscheidender Bedeutung für die Textilindustrie der Stadt. Hier wurden Produkte sortiert und geprüft. Außerdem war es Verwaltungszentrum und Handelsmarkt. Im Jahr 1874 wurde die Lakenhal in ein Museum umgewandelt. Dieses beherbergt verschiedene Sammlungen, unter anderem mit Gemälden (von Lucas van Leyden, Steen und Rembrandt), mit Kunsthandwerk oder dem Silber der Stadt. Außerdem gibt es Zimmer mit historischen Möbeln und Bereiche, die der Archäologie und Geschichte von Leiden gewidmet sind. Leider ist das Museum wegen Renovierungsarbeiten vorübergehend geschlossen.
Folgen Sie dem Verlauf der Oude Singel wei-

ter bis zur nächsten Brücke. Von hier aus haben Sie einen schönen Blick auf die Kuppel der Marekerk, die zwischen 1638 und 1648 vom Architekten Arent van 's-Gravensande gebaut wurde. Die achteckige, klassizistische Kirche ist die älteste Kirche in Leiden, die speziell für reformierte Gottesdienste gebaut wurde. Gehen Sie jetzt über die Brücke und biegen Sie rechts auf die Oude Vest ab. Das helle Gebäude an der Nummer 43 ist das Stadttheater, das über schöne Innenräume verfügt.
Am Ende der Straße biegen Sie nach links ab und folgen der Straße Turfmarkt (der in die Prinsessekade übergeht) bis zur zweiten Brücke, der Bostelbrug. Von hier aus blicken Sie auf die Stadstimmerwerf am rechten Ufer der Gracht Galgewater. Das Gebäude von 1612 mit seinem Treppengiebel und den rot-weißen Fensterläden war das ehemalige Wohnhaus des städtischen Schreiners und angeblich das erste Gebäude von Leiden, das außerhalb der Stadtmauern errichtet wurde.

Nun überqueren Sie die Straße und gehen geradeaus weiter, bis Sie das linke Ufer der Gracht Rapenburg erreichen. An der Nummer 28 befindet sich das Rijksmuseum van Oudheden. Hier werden antike Gegenstände und archäologische Funde aus Ägypten, Mesopotamien und dem Nahen Osten ausgestellt. Wenn Sie auf der gegenüberliegenden Seite des Universitätsgebäudes sind (auf der anderen Seite des Wassers), biegen Sie links in den Kloksteeg ein. An der Nummer 21 liegt das Jan Pesijnshofje von 1683, einer der schönsten Höfe von Leiden. In der gesamten Stadt gibt es rund 35 solcher Höfe (Hofjes). An dieser Stelle stand früher das Haus, in dem John Robinson, der Pfarrer der Pilgerväter, wohnte und starb. Gehen Sie jetzt ein Stück zurück und dann rechts auf den Pieterskerkhof.
Zu Ihrer Rechten befindet sich die Pieterskerk aus dem 15. Jahrhundert mit ihrer schönen Inneneinrichtung. Am Ende des Pieterskerkhof liegt Gravensteen. In dem malerischen Gebäudekomplex aus dem 13. und 16. Jahrhundert befand sich früher ein Gefängnis. Heute ist darin die Jurafakultät untergebracht. Biegen Sie jetzt nach links ab und gehen Sie auf dem Muskadelsteeg um Gravensteen herum bis zu dem kleinen Platz mit dem Namen Het Gerecht. Von hier haben Sie den besten Blick auf den Komplex.Wenn Sie sich mit dem Rücken zum Gravensteen drehen, sehen Sie rechts an der Ecke der Lokhorststraat die hübsche Fassade der 1599 erbauten ehemaligen Lateinschule, die noch bis 1864 als weiterführende Schule genutzt wurde. Hier ist Rembrandt van Rijn zur Schule gegangen.
Gehen Sie wieder zurück zum Pieterskerkhof und setzen Sie Ihre Route entlang der pittoresken Häuser weiter fort, die an die Kirche gebaut wurden. Es geht geradeaus weiter über den Pieterskerk Choorsteeg bis zur Breestraat. Dabei überqueren Sie die Straße Lange Brug. An der Stelle, an der sich der Pieter Choorsteeg und die Breestraat kreuzen, befindet sich in der Straßendecke der sechseckige „Blaue Stein". Dieser markiert das historische Zentrum der Stadt

und den Ort, an dem früher der Henker seine Arbeit erledigte.
Gehen Sie rechts auf der Breestraat weiter. So gelangen Sie zum Rathaus (Stadhuis). Nach einem Brand im Jahr 1929 wurde die wunderschöne Renaissancefassade wieder komplett im ursprünglichen Stil aus dem Jahr 1600 rekonstruiert. Auf der linken Seite des Platzes steht der sogenannte „Roepstoel". An dieser berühmten Stelle wurde am 3. Oktober 1574 das Ende der spanischen Belagerung ausgerufen. Anschließend wurde der traditionelle und allseits bekannte niederländische Eintopf (hutspot) gegessen. Die Zutaten dafür hatte Cornelis Joppensz, ein Waisenkind aus Leiden, erbeutet.
Gehen Sie am Rathaus vorbei und links weiter auf den Koornbrugsteeg und dann nochmal links auf den Vismarkt (der in den Aalmarkt übergeht). Entlang der (modernen) Rückseite des Rathauses und am Brunnen vorbei laufen Sie in Richtung De Waag.

Am gegenüberliegenden Ufer, an der Stelle wo Oude und Nieuwe Rijn aufeinander treffen, sehen Sie die Keller unter der Hoogstraat. Überqueren Sie jetzt den Platz und gehen Sie über die Brücke. Am linken Ufer spazieren Sie jetzt am Fluss Nieuwe Rijn entlang weiter, zurück zur Koornbeursbrug. Diese Brücke stammt aus der Zeit um 1440. Das Dach wurde allerdings erst 1825 hinzugefügt.Biegen Sie nun links in den Burgsteeg ein und begeben Sie sich zur Burcht (Burg). Der künstliche Hügel mit seiner Ringmauer stammt aus der Mitte des 12. Jahrhunderts. Das große Tor aus dem 17. Jahrhundert ist mit den Waffen der verschiedenen Bürgermeister geschmückt, die als Viscount agierten. Beim Verlassen des Schlosses gehen Sie direkt auf die Hooglandskerk zu. Diese Kirche, die auch St. Pancras-Kirche genannt wird, wurde im Jahr 1315 gegründet und war damals eine Holzkirche. Die heutige Kirche wurde zwischen 1470-1550 errichtet, aber nie fertig gestellt.
Laufen Sie über den Moriaansteeg rechts um die Kirche herum und biegen Sie dann rechts auf den Middelweg ab. Wenn Sie jetzt wieder rechts abbiegen, gelangen Sie auf die Nieuwstraat. Am Ende dieser Straße biegen Sie nach rechts auf die breite Hooigracht ab, allerdings nicht bevor Sie einen Blick auf das Tor zur Nummer 9 geworfen haben. Dies ist nämlich der Eingang zum schönsten Hof der Stadt, dem St. Anna-Hofje. In diesem 1507 gebauten Hof steht eine Kapelle. Hier befindet sich der einzige Altar in ganz Leiden, der vom Bildersturm im Jahre 1566 verschont geblieben ist.
Jetzt geht es geradeaus über die Brücke und weiter geradeaus auf den Watersteeg. Biegen Sie dann nach rechts in die Straße Hogewoerd ein. An der Kreuzung mit der Korevaarstraat biegen Sie links ab und gehen dann einfach durch den Van-der-Werffpark weiter am Wasser entlang. Auf der anderen Seite des Gewässers steht die Lodewijkskerk. Ursprünglich war dies die Kapelle des Sint-Jacob-Hospitals, das auch Saaihal genannt wird.
Die Fassade ist nach der Explosion eines mit Schießpulver gefüllten Schiffes im Jahre 1807 intakt geblieben. Ein Gedenkstein am Ufer gibt an, wo sich das

Grachtenhaus Leiden

Unglück ereignet hat. Gehen Sie jetzt über die Gracht Rapenburg weiter. Das Wasser befindet sich zu Ihrer Linken. An der Nummer 73 liegt das Hauptgebäude der Universität Leiden. Es ist im ehemaligen Witte Nonnenklooster (Kloster der weißen Nonnen) untergebracht. Die Universität wurde 1575 gegründet. Über einen Durchgang in diesem Gebäude gelangen Sie in den Botanischen Garten.
An der nächsten Brücke biegen Sie links auf den Doelensteeg ab. Dort finden Sie den Eva-Hoogeveen-Hof von 1659 (Nummer 7). Folgen Sie dem Verlauf der Rapenburg und bewundern Sie hier die vielen schönen Fassaden. Schließlich kommen Sie zu einer Ampel. Gehen Sie nun geradeaus weiter auf die Prinsesekade, bis Sie die Brücke Blauwpoortsbrug (gegenüber Haarlemmerstraat) erreichen. Wenn Sie die Brücke überqueren und die Morsstraat entlang laufen, gelangen Sie zum Morspoort. Das Tor Morspoort ist eines der beiden verbliebenen Stadttore und datiert aus dem Jahr 1669.
Nachdem Sie durch das Tor hindurch gegangen sind, können Sie nach rechts über den Morssingel weiter gehen. Wenn Sie geradeaus weiter an der Bushaltestelle vorbei laufen, gelangen Sie wieder zum Stationsplein, dem Startpunkt Ihres Spaziergangs

Essen & Trinken:

1 Kasual
2 Van der Werff
3 Scarlatti
4 De Waag
5 City Hall
6 Snijers Lunchroom
7 The Bischop
8 De la Soul
9 Lot en de Walvis

Einkaufen:

1 Cotta di Mare
2 Ratjetoe
3 BABOOKA Bookstore
4 Appel & Ei
5 Wereldwinkel

Das müssen Sie sehen:

1 Museum Boerhaave
2 Molenmuseum De Valk
3 Museum De Lakenhal
4 Museum Volkenkunde
5 Marekerk
6 Rijksmuseum van Oudheden
7 Academiegebouw
8 Die Hofjes von Leiden
9 Pieterskerk
10 Gravensteen
11 Hartebrugkerk
12 Korenburg (Kornbrücke)
13 De Burcht (Die Burg)
14 Hooglandsekerk
15 American Pilgrim Museum
16 Morspoort und Zijlpoort
17 Naturalis Biodiversity Center

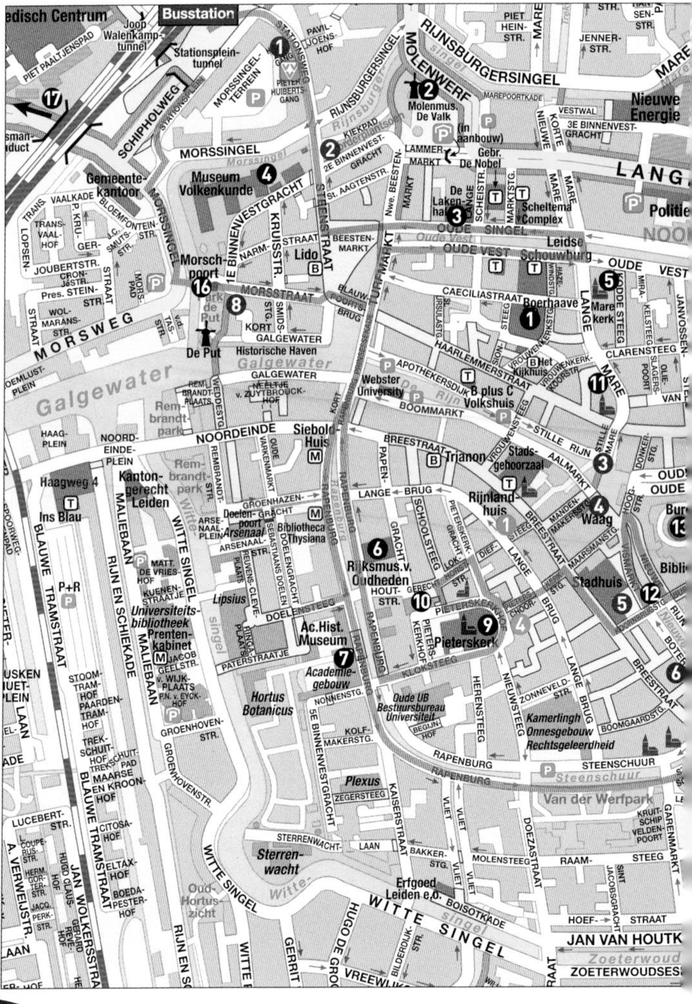
Busstation
Museum Volkenkunde
Molenmus. De Valk
Gemeente-kantoor
Morschpoort
Lido
De Put
Historische Haven
Galgewater
Leidse Schouwburg
Boerhaave
Marekerk
Het Kijkhuis
Webster University
B plus C Volkshuis
Sieboldhuis
Trianon
Stadsgehoorzaal
Kantongerecht Leiden
Haagweg 4
Ins Blau
Rijnlandhuis
Waag
Stadhuis
Bibliotheca Thysiana
Rijksmus.v. Oudheden
Universiteitsbibliotheek Prentenkabinet
Lipsius
Pieterskerk
Ac.Hist. Museum
Academiegebouw
Hortus Botanicus
Oude UB Bestuursbureau Universiteit
Kamerlingh Onnesgebouw Rechtsgeleerdheid
Plexus
Sterrenwacht
Erfgoed Leiden e.o.
Van der Werfpark
Oud-Hortuszicht
Scheltema Complex
Nieuwe Energie
Politie
RIJNSBURGERSINGEL
MORSSINGEL
SCHIPHOLWEG
STATIONSWEG
STEENSTRAAT
MORSWEG
NOORDEINDE
OUDE SINGEL
OUDE VEST
HAARLEMMERSTRAAT
BREESTRAAT
RAPENBURG
WITTE SINGEL
STEENSCHUUR
LANGE BRUG
BOOMMARKT
STILLE RIJN
AALMARKT
MALIEBAAN
BLAUWE TRAMSTRAAT
RIJN EN SCHIEKADE
KAISERSTRAAT
DOEZASTRAAT
JAN WOLKERSSTRAAT
ZOETERWOUDSESINGEL

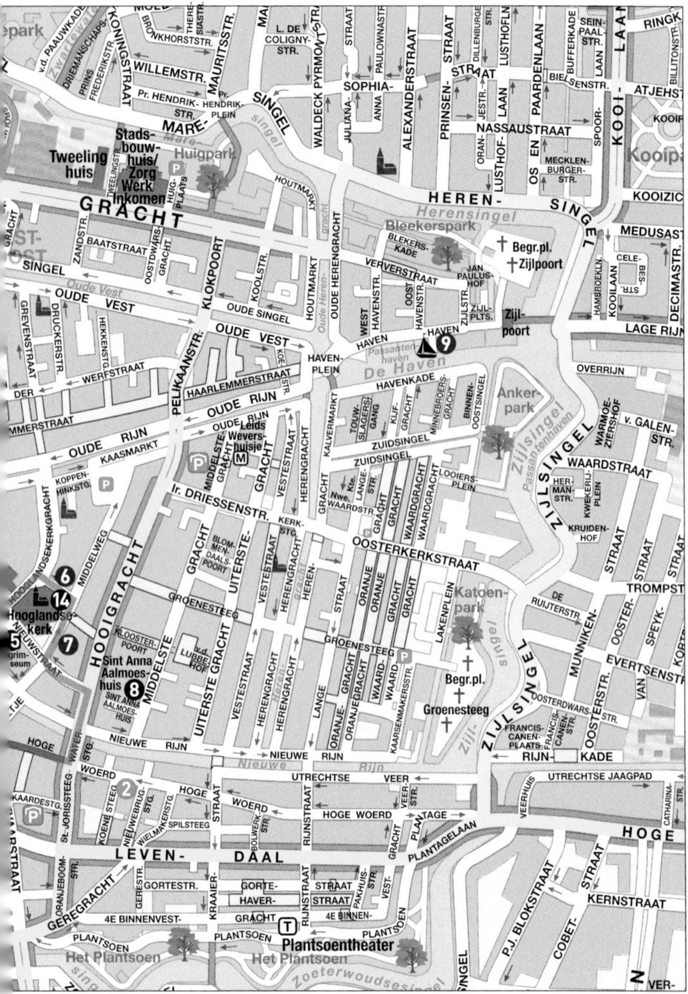
Tweeling huis
Stads-bouw-huis/ Zorg Werk Inkomen
Mare-Huigpark
Bleekerspark
Begr.pl. Zijlpoort
Zijl-poort
De Haven
Passanten-haven
Anker-park
Zijlsingel
Leids Wevers-huisje
Hooglandse-kerk
Sint Anna Aalmoes-huis
Katoen-park
Begr.pl. Groenesteeg
Het Plantsoen
Plantsoentheater
Zoeterwoudsesingel
Kooipark
WILLEMSTR.
Pr. HENDRIK-STR.
MARE-SINGEL
GRACHT
HAARLEMMERSTRAAT
OUDE VEST
OUDE RIJN
OUDE SINGEL
HOUTMARKT
OUDE HERENGRACHT
HAVENPLEIN
HAVENKADE
HEREN-SINGEL
VERVERSTRAAT
NASSAUSTRAAT
SOPHIA-STRAAT
ALEXANDERSTRAAT
WALDECK PYRMONT
PRINSEN-STRAAT
PAARDENLAAN
KOOILAAN
LAGE RIJN
OVERRIJN
ZUIDSINGEL
WAARDSTRAAT
ZIJLSINGEL
OOSTERKERKSTRAAT
GROENESTEEG
HOOIGRACHT
MIDDELWEG
PELIKAANSTR.
KLOKPOORT
Ir. DRIESSENSTR.
KAASMARKT
NIEUWE RIJN
HOGE WOERD
UTRECHTSE VEER
UTRECHTSE JAAGPAD
RIJN-KADE
LEVEN-DAAL
PLANTAGELAAN
GEREGRACHT
4E BINNENVEST-GRACHT
PLANTSOEN
KERNSTRAAT
P.J. BLOKSTRAAT
COBET-STRAAT
TROMPSTR.
EVERTSENSTR.
MUNNIKEN-STRAAT
OOSTERSTR.
KRUIDENHOF
RIJNSTRAAT
KRAAIERSTRAAT
GORTESTR.
HAVERSTRAAT
VESTESTRAAT
HERENGRACHT
UITERSTE GRACHT
MIDDELSTE GRACHT
LAKENPLEIN
LOOIERSPLEIN
WAARDGRACHT
ORANJEGRACHT
LANGE STRAAT
KALVERMARKT
GRAVENSTRAAT
DRUCKERSTR.
WERFSTRAAT
BAATSTRAAT
ZANDSTR.
KONINGSTRAAT
MAURITSSTR.
HOUTMARKT
SINGEL
NIEUWSTRAAT
KAARDESTG.
SPILSTEEG
PAKHUISSTR.

Molenmuseum De Valk

Mit seinen sieben Stockwerken und einer Höhe von 29 Metern ist das Molenmuseum De Valk kaum zu übersehen. De Valk ist eine traditionelle, mehrstöckige Kornmühle (molen), die im Jahre 1743 erbaut wurde. Sie ist die letzte der ursprünglich 19 Mühlen, die einst die Stadtmauern von Leiden säumten. Nach dem Tod des Müllers Willem van Rhijn wurde die Mühle 1966 in ein Museum umgewandelt. In der einzigen, in den Niederlanden erhaltenen Wohnung eines Stadtmüllers werden Sie in das Leben zu Beginn des 20. Jahrhunderts zurückversetzt. Die Windmühlenflügel drehen sich noch regelmäßig und von der Außenplattform genießen Sie eine eindrucksvolle Aussicht auf Leiden.

Adresse: 2de Binnenvestgracht 1, www.molenmuseumdevalk.nl/en, Öffnungszeiten: Di-Sa 10-17 Uhr, So und an Feiertagen 13-17 Uhr, geschlossen: montags, am 1. Jan., 2.-3. Okt., 25. Dez. Eintritt: Erwachsene € 4, Kinder (6-15 Jahre) € 2, freier Eintritt für Kinder bis 5 Jahre.

Kasual

Bei Kasual treffen zwei Welten aufeinander: östliche und westliche Kultur. Die köstlichen asiatischen Gerichte werden mit europäischen Elementen kombiniert. Und natürlich umgekehrt. Das Konzept spiegelt sich nicht nur auf der Speisekarte, sondern auch in der Einrichtung wieder. Jeder Moment des Tages ist ein Kasual-Moment, egal ob Sie nun Lust auf Mittagessen, eine Tasse Kaffee oder Tee, Abendessen oder ein Glas Wein mit Finger

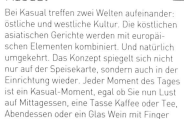

Food haben. Hier gibt es schnellen Service und freundliche Preise. Genießen Sie ein Sandwich am Mittag, zwischendurch eine Tasse Kaffee aus nachhaltigem Anbau oder ein leckeres Glas Wein mit Häppchen. Zum Abendessen können Sie auch gemeinsam verschiedene Gerichte bestellen, die Sie dann zusammen genießen.

Öffnungszeiten:
Mo-So 11:00-23:30 Uhr

Stationsweg 30,
071-5130966
info@kasual.nl
kasual.nl

Folgen Sie uns auf:
www.facebook.com/
kasualleiden

Museum Boerhaave
Das Museum Boerhaave ist das nationale Museum für die Geschichte der Naturwissenschaften und der Medizin. Es ist nach dem bekannten niederländischen Physiker und Botaniker Herman Boerhaave (1668-1738) benannt, der an der Universität Leiden unterrichtete. Zu ihm kamen herausragende Studenten aus ganz Europa. Im Museum können Sie die Sammlung historischer wissenschaftlicher Instrumente aller Disziplinen bewundern. Der Schwerpunkt liegt auf dem Bereich Medizin. **Adresse**: Lange Sint Agnietenstraat 10, www.museumboerhaave.nl/english, Das Museum Boerhaave schließt in 2016 zeitweilig und wird Mitte 2017 wieder eröffnet.

Museum De Lakenhal
An der Nordseite der Oude Vest liegt das städtische Museum von Leiden, bekannt als Museum De Lakenhal. Es befindet sich im Gebäude des ehemaligen Stoffmarktes (Lakenhal) von Leiden, der dort von 1640 bis 1800 regelmäßig abgehalten wurde. Das heutige Museum wurde 1874 eröffnet und kann mit einer beeindruckenden Gemäldesammlung aufwarten. Dieses Museum ist ein vielfach unterschätztes Juwel. Es beherbergt eine eindrucksvolle Sammlung von Kunstwerken alter Meister, darunter Lucas van Leyden, Rembrandt van Rijn und Jan Steen. Hinzu kommen moderne Arbeiten von Künstlern wie Theo van Doesburg, Jan Wolkers und Erwin Olaf. **Adresse**: Oude Singel 32, www.lakenhal.nl/en, Öffnungszeiten: Di-Fr 10-17 Uhr, Sa, So und an Feiertagen 12-17 Uhr, geschlossen: montags, 1. Jan., 27. Apr. und 25. Dez. Eintritt: Erwachsene (18-65) €7,50, ab 65 Jahre €4,50, freier Eintritt für Kinder bis 17 Jahre. Von Mitte 2016 bis Mitte 2018 ist das Museum De Lakenhal wegen Renovierung und Erweiterung geschlossen.

Museum Volkenkunde
Das Reichsmuseum für Völkerkunde in Leiden gehört zu den ältesten ethnografischen Museen der Welt. Hier reisen Sie von Indonesien und China über Ozeanien nach Japan, weiter in die Polarregionen, auf den amerikanischen Kontinent, nach Afrika und schließlich nach Asien. Zu den Höhepunkten der Sammlung gehören ein echter, indianischer Kopfschmuck, Hosen aus Eisbärenfell, ein magischer Dolch aus Indonesien und beeindruckende Abbildungen aus Papua. Ergänzend zur ständigen Ausstellung sind immer Wechselausstellungen zu sehen.

Adresse: Steenstraat 1, www.volkenkunde.nl, Öffnungszeiten: Di-So und an Feiertagen 10-17 Uhr, auch während der Schulferien geöffnet. Geschlossen am 27. Apr, 3. Okt. und 25. Dez. Eintritt: Erwachsene (ab 19 Jahre) €14, Kinder von 4-18 Jahren € 6, freier Eintritt bis 3 Jahre.

Pieterskerk

Pieterskerk
Die gotische Pieterskerk (St. Peter-Kirche) wurde zwischen 1390 und 1565 erbaut. Sie ist heutzutage entweiht und dient verschiedenen nicht-religiösen Zwecken. An ihrer Stelle stand um 1100 eine Kapelle der Grafen von Holland, die 1121 durch einen Neubau ersetzt wurde. Es dauerte rund 180 Jahre, um den heutigen Bau fertigzustellen. Baubeginn war 1390. Verschiedene Persönlichkeiten aus Leiden sind in der Pieterskerk beerdigt, darunter John Robinson, einer der Gründer der Pilgerväter, der Theologe Jacobus Arminius, der Wissenschaftler Herman Boerhaave und der Maler Jan Steen. **Adresse**: Kloksteeg 16, www.pieterskerk.com/en.

Gravensteen
Der Gravensteen ist ein Gebäudekomplex, dessen Ursprünge auf das 13. Jahrhundert zurückgehen und der als Residenz der Grafen von Holland diente. Es ist das älteste Steingebäude von Leiden. Der quadratische Turm ist der älteste Teil und stammt wahrscheinlich aus dem frühen 13. Jahrhundert. Der sechseckige Treppenturm an der linken Seite wurde in der 2. Hälfte des 15. Jahrhunderts

hinzugefügt. 1463 schenkte Philipp von Burgund das Bauwerk der Stadt Leiden und diese nutzte es seitdem als Gefängnis. Auf dem Platz vor dem Gebäude wurden Häftlinge hingerichtet. Bei einem Rundgang durch die Anlage können Sie bis heute zahlreiche Relikte dieser düsteren Vergangenheit entdecken. Im 16. Jahrhundert wurde Gravensteen an verschiedenen Stellen erweitert. Im 17. Jahrhundert wurden zudem ein *Tuchthuis*, ein *Rasphuis* und ein *Spinhuis* errichtet (Zuchthäuser bzw. Besserungsanstalten). Ab dem 19. Jahrhundert wurde Gravensteen immer seltener für Hinrichtungen und als Gefängnis genutzt. Der letzte hier hingerichtete Gefangene war im Jahre 1853 Janus van der Blom. Kurz darauf wurde das Gefängnis im Gravensteen geschlossen. Im Laufe der vergangenen 100 Jahre wurde das Gebäude unter anderem als Wohngebäude, Buchladen und Universitätsstandort genutzt. **Adresse**: Pieterskerkhof 6.

Hofjes von Leiden

Leiden besitzt 35 ehemalige Armenhäuser mit einem Innenhof (Hofje). Davon befinden sich fast alle in der Innenstadt. An diesen idyllischen Orten können Sie dem Lärm und der Geschäftigkeit der Stadt entkommen und sich vorstellen, dass die Zeit stehen geblieben wäre. Die Höfe sind von den ehemaligen Armenhäusern umgeben, die im Mittelalter von wohltätigen Bürgern gestiftet wurden. Diese kleinen Häuser wurden dicht nebeneinander um einen gemeinsamen Innenhof herum gebaut und waren für arme, ältere Menschen bestimmt. Die bekanntesten Innenhöfe, die auf jeden Fall einen Besuch wert sind:

- Jeruzalemhof aan de Kaiserstraat 49. Der älteste noch erhaltene Innenhof in Leiden;
- Jan Pesijnhofje, erbaut 1683,
- St. Anna-Hofje erbaut 1507.

Hortus Botanicus

Der üppig grüne Hortus Botanicus ist einer der ältesten botanischen Gärten in Europa (gegründet 1590; der älteste befindet sich in Padua, Italien und wurde 1545 gegründet). Die grüne Oase liegt hinter dem Academiegebouw der Universität Leiden. Entdecken Sie hier die große Sammlung mit Pflanzen aus Südost- und Ostasien, Südeuropa und Südafrika. Der Höhepunkt dieses beliebten, historischen Gartens ist der Clusiustuin, eine Rekonstruktion des ersten, symmetrisch angelegten botanischen Gartens. **Adresse**: Rapenburg 73, www.hortusleiden.nl/index.php/english, Öffnungszeiten finden Sie auf der Webseite. Eintritt: Erwachsene €7,50, Kinder 4-12 Jahre €3.

Hartebrugkerk (Kirche an der Herzbrücke)

An der Kreuzung der Haarlemmerstraat befindet sich die Hartebrugkerk. Sie ist nach der gleichnamigen Brücke benannt, die sich früher an dieser Stelle befand. Der offizielle Name ist Mariä Unbefleckte Empfängnis, sie ist aber auch unter dem Namen Coelikirche bekannt, weil sich über dem Eingang eine lateinische Inschrift befindet. Diese lautet „Hic Domus Dei est et Porta Coeli" - „Dies ist das Haus Gottes und das Tor zum Himmel". Von der Reformationszeit bis zum frühen 19. Jahrhundert hatten die Protestanten in den Niederlanden das Sagen. Die Katholiken mussten Ihre Gottesdienste in Geheimkirchen abhalten. Als mit der Verfassung von 1848 die Religionsfreiheit eingeführt wurde, war die Zeit reif, eine katholische Kirche in Leiden zu bauen. Die neue katholische Kirche stand direkt neben der Hartbrug (Herzbrücke), die das Wasser von der Mare zur Haarlemmerstraat kreuzte. Die Kirche ist als so genannte Wasserkirche im neoklassizistischen Stil entworfen.

Scarlatti

Scarlatti befindet sich mitten in der Innenstadt von Leiden, ganz in der Nähe verschiedenster Sehenswürdigkeiten. Das hübsche, historische Gebäude strahlt eine gemütliche und freundliche Atmosphäre aus. Scarlatti ist ein Begriff in Leiden, denn es ist der perfekte Ort für Ihr Mittag- und Abendessen oder auch für einen Drink zwischendurch. Im Sommer können Sie die große, sonnige Terrasse genießen. Die freundlichen Mitarbeiter tun alles, damit Sie sich entspannen können und eine gute Zeit haben.

Öffnungszeiten:
Mo-So 11:00-21:30 Uhr

Stille Mare 4
www.scarlatti-leiden.nl

Folgen Sie uns auf:
www.facebook.com/
ScarlattiLeiden

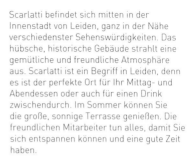

De Burcht

De Burcht (Burg) in Leiden ist eine der ältesten erhaltenen Burgen der Niederlande. Das kreisförmige Gebäude mit seinen hohen Mauern befindet sich mitten in der Stadt auf einem Hügel. An dieser Stelle fließen zwei Rheinarme zusammen. Dabei handelt es sich um einen künstlich angelegten Hügel, der als Verteidigungsanlage diente. De Burcht ist ein sehr gutes Beispiel für eine Turmhügelburg (Motte). Diese Burg, die um das Jahr 1150 errichtet wurde, ist älter als Leiden selbst. Die Stadt Leiden kaufte die Burg im Jahre 1651 und wandelte sie in eine Parkanlage um. Hier können Sie bei einem Spaziergang herrliche Ausblicke auf die Stadt genießen. **Adresse**: Burgsteeg 14.

Academiegebouw

Das Academiegebouw ist das älteste Gebäude in Leiden. Es liegt zwischen der Gracht Rapenburg und dem Hortus Botanicus. Es war früher ein Kloster und geht auf das 15. Jahrhundert zurück. Im Jahre 1581 nahm die Universität das Gebäude in Beschlag. Auch wenn es teilweise umgebaut und renoviert wurde, ist der neogotische Stil des Komplexes intakt geblieben. Bis heute spielt das Academiegebouw eine wichtige Rolle im Leben der Leidener Studenten. Täglich finden in dem altehrwürdigen Gebäude Abschluss- und Doktorfeiern statt. Das „Schwitzkämmerchen", auf niederländisch „Zweetkamertje" genannt, ist das wohl bekannteste Zimmer im Academiegebouw. Jeder Student träumt davon, einst die Schwelle dieses Raumes zu überschreiten, denn hier warten die Abschlusskandidaten auf ihre Prüfungsergebnisse. Graduierte und Doktorkandidaten verewigen sich hier, indem sie ihre Namen auf die Wände schreiben. Zwischen den tausenden von Unterschriften finden sich auch einige Mitglieder der niederländischen Königsfamilie, Winston Churchill und Nelson Mandela.

→ Ihr Besuch im Academiegebouw

Das Academiegebouw gehört zu den wichtigsten Sehenswürdigkeiten in Leiden. Wenn Sie eine Führung buchen möchten, können Sie entweder die Universität im Vorfeld kontaktieren oder vor Ort eine Tour über ein Touristenbüro buchen.
Adresse: Rapenburg 73.

Universität Leiden

Wilhelm I. von Oranien stiftete die Universität von Leiden im Jahre 1575 als Geschenk dafür, dass die Stadt den beiden spanischen Belagerungen von 1573 und 1574 standgehalten hatte. Damit ist sie die älteste Universität der Niederlande. Der Campus besteht aus einer interessanten Mischung moderner und historischer Gebäude, die über die ganze Stadt verteilt sind.

→ Studenten in Leiden

Seit fast viereinhalb Jahrhunderten ist die Stadt Leiden untrennbar mit ihren Studenten verbunden. Dabei war und ist das Verhältnis zwischen den Studenten und den übrigen Einwohnern der Stadt nicht immer unproblematisch. Die in der Mehrheit wohlhabenden, jungen Studenten bekommen in dieser Stadt viele Freiheiten und nicht jeder Leidener schätzt ihre Lebensart und ihre Ausschweifungen. Die Studenten tragen ihren Teil zum besonderen, angenehmen Charakter von Leiden bei. Das gilt umso mehr, weil viele Studenten aus dem Ausland kommen. Gemeinsam mit den anderen Bewohnern von Leiden bevölkern sie die vielen Bars und im Sommer auch die Straßencafés und sorgen so mit für das lebendige Treiben in der Stadt. Während seiner Studienzeit in Leiden wohnte der heutige König Wilhelm Alexander an der Gracht Rapenburg. Auch seine Mutter, die ehemalige Königin und jetzige Prinzessin Beatrix, sowie seine Großmutter Juliana haben in Leiden studiert. Die berühmte Universität der Stadt hat zudem viele namhafte Gelehrte hervorgebracht, darunter Einstein und Boerhaave.

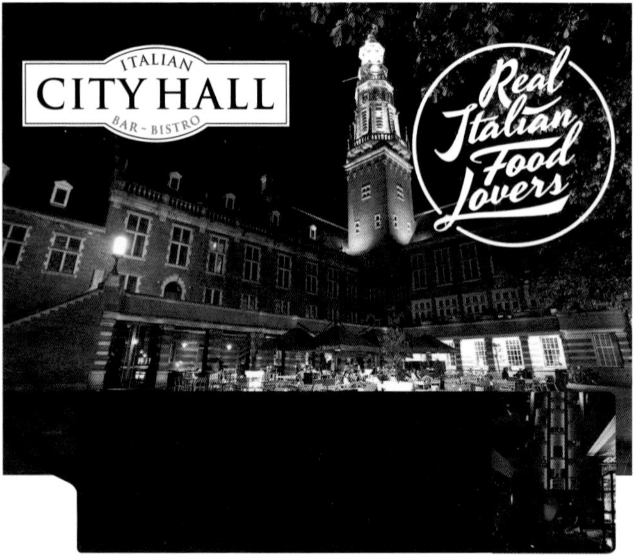

Auf der Speisekarte stehen authentische Gerichte aus Italien – von frischer Pasta bis hin zu Pizzas, bei denen Ihnen das Wasser im Mund zusammenläuft. Oder genießen Sie eine Tasse echten italienischen Espresso auf der großen Außenterrasse am Stadhuisplein.

Italian bar-bistro City Hall | Stadhuisplein 3, 2311 JR Leiden | +31 71 514 40 55

info@restaurantcityhall.nl | **www.restaurantcityhall.nl**

/cityhallleiden @cityhallleiden

WAAG

Boterhal & Serre (Wintergarten)
Im 17. Jahrhundert brachten die Kaufleute von Leiden ihre Waren, darunter Butter, Käse, Stoffe und Gewürze, zum Abwiegen zur Waag, der damaligen Stadtwaage.

Waag Die Waag ist ein Ort, an dem Sie sich wie zu Hause fühlen können. Genießen Sie Ihr Frühstück, Mittag- oder Abendessen in den schönen Gewölben der monumentalen Boterhal oder im neuen, sonnigen Wintergarten.

Aalmarkt 21, 2311 EC Leiden
+31(0)71-7400300

Öffnungszeiten: So, Di, Do, und Fr ab 10:00 Uhr, Mi & Sa ab 9:00 Uhr

Ein gemütliches Wohnzimmer im historischen Bauwerk

Die Waag (1657) war einst das betriebsame Zentrum der Stadt Leiden, wurde dann aber lange Zeit kaum genutzt. Dennoch ist das denkmalgeschützte Gebäude seit dem Sommer 2015 wieder zum lebendigen Herzen der Stadt geworden. Nun dient es als reizendes Restaurant, das von früh morgens bis spät abends seine Türen geöffnet hat.

www.waagleiden.nl | facebook.com/waagleiden

Über die Feinbäckerei und das Café Snijers

Café Lunchroom Snijers ist das älteste Familienunternehmen von Leiden. Seit 1829 geht der Betrieb traditionell vom Vater auf den Sohn über. Und das ist bis zur heutigen, siebten Generation so geblieben.
Direkt neben dem gemütlichen Café Snijers mitten in der Altstadt von Leiden befindet sich die Bäckerei. Mit der wunderbaren Aussicht auf die Hooglandse Kerk und auf das Wasser ist dies ein einzigartiger Ort zum Einkehren. Das gilt ganz besonders mittwochs und samstags, wenn sich die Straße in einen fröhlichen Markt verwandelt. Machen Sie es sich auf der sonnigen, am und auf dem Wasser gelegenen Terrasse bequem und genießen Sie eine herrliche Tasse Kaffee mit Gebäck, ein großzügig belegtes Brötchen, einen Strammen Max, einen Pfannkuchen oder einen leckeren Salat!

Öffnungszeiten:
Di 8:00 - 17:30 Uhr, Mi 7:00 - 17:30 Uhr, Do-Fr 8:00 - 17:30 Uhr, Sa 6:00 - 17:00 Uhr, So 11:00 - 17:00 Uhr.

Botermarkt
Leiden
+31 (0)71-512 25 83

Folgen Sie uns auf:
www.facebook.com/LunchroomSnijers/

Geschichte von Feinbäckerei und Café Lunchroom Snijers

Die Feinbäckerei mit ihrem Café ist ein ganz besonderes Familienunternehmen mit einer langen Geschichte. Diese spiegelt sich sowohl in der Inneneinrichtung als auch in der Ladenfront wieder. Die Geschichte reicht zurück bis ins Jahr 1771, als Jacobus Snijers aus Frankreich und über Nordbrabant nach Leiden kam. Der Tabakschneider und Kolonialwarenhändler kaufte ein Geschäft an der Haarlemmerstraat und nannte es De Blauwe Arend (Blauer Adler).

Im Jahre 1829 nahm er einen neuen Kurs auf und eröffnete gemeinsam mit seinem Sohn Adrianus eine Feinbäckerei am Botermarkt 15. Sein Sohn übernahm den Laden im Jahre 1841 und gab ihn schließlich 1870 an seinen Sohn Petrus weiter. Dieser gab die kunstvoll geschnitzte Teakholzfassade bei zwei flämschen Künstlern in Auftrag und zahlte dafür den damals sehr hohen Preis von 1.500 Gulden. Henricus, Sohn von Petrus und seit 1924 Geschäftsinhaber, machte die Entdeckung dass sich die Marktbesucher gerne auf einen Kaffee oder Tee trafen. Auch die Bauern, die am Freitag ihren Käse auf der Stadtwaage (Waag) wiegen ließen, legten immer eine Pause in der Bäckerei ein. Darum richtet Henricus die "gute Stube", das Sonntagszimmer an der Vorderseite, mit Tischen und Stühlen ein. Weil die Kunden immer zahlrecher wurden, nahm er 1946 auch das Hinterzimmer dazu.

Ab 1964 führte Joop Snijers den Laden weiter und baute die beiden Zimmer zum Café um, so wie es bis heute aussieht.

Nach 23 Jahren übernahm dann 1987 mit Harry und Hans die sechste Generation das Ruder. Heute sorgen Harry, Dorine und Sohn Bob hier für die Zubereitung Ihrer Tasse Kaffee mit Kuchen, ein frisch belegtes Brötchen oder eine ganze Mittagsmahlzeit.

Hooglandse Kerk

Hooglandse Kerk
Die Hooglandse Kerk ist eine gotische Kirche aus dem 14. Jahrhundert. Sie ist dem heiligen Pankratius geweiht und befindet sich an einer Stelle, an der zuvor eine Holzkapelle aus dem Jahre 1314 stand. Der Bau begann im Jahre 1377, jedoch blieben Teile des Gebäudes niedriger als geplant, nachdem die Bauarbeiten im 16. Jahrhundert angehalten wurden. Im Laufe des 17. Jahrhunderts wurden Häuser rund um die Außenmauern der Kirche errichtet. Im Innern befindet sich der Grabstein von Justinus von Nassau, dem unehelichen Sohn Wilhelms I. von Oranien. **Adresse**: Nieuwstraat 20, www.hooglandsekerk.com.

American Pilgrim Museum
Das Leiden American Pilgrim Museum befindet sich in einem sehr schönen, historischen Haus. Dieses wurde etwa zwischen 1365 und 1370 in der Nähe des Glockenturms der Hooglandskerk gebaut. Das Museum erzählt die Geschichte der Gründer von New England, der Pilgerväter. Das Museum wird von der Stiftung Leiden American Pilgrim Museum Foundation betrieben und präsentiert ausführliche Informationen über das Leben der Pilgrims in Leiden sowie über die Geschichte des mittelalterlichen Hauses selbst. **Adresse**: Beschuitsteeg 9, www.leidenamericanpilgrimmuseum.org, Öffnungszeiten: Do, Fr und Sa 13-17 Uhr, geschlossen: 1. Jan., Karfreitag, 27. Apr., 3. Okt., 24. - 26. Dez. und 31. Dez., Eintritt: €5, freier Eintritt für Kinder unter 6 Jahren.

Naturalis Biodiversity Center
Das Museum Naturalis steckt voller Natur. Zwischen Millionen Jahre alten Fossilien fallen zwei Dinosaurierskelette, eine 9 Meter lange Wasserechse, ein Urpferd und ein Mammut ins Auge. Darüber hinaus beeindruckt die vielfältige Sammlung ausgestopfter Tiere mit unter anderem Affen, Raubkatzen, Schmetterlingen, Käfern, Fischen und Vöglen. **Adresse**: Pesthuislaan 7, www.naturalis.nl/en, Öffnungszeiten: Mo-So 10-17 Uhr, geschlossen: 1. Jan., 3. Okt., 25. Dez. Eintritt: Erwachsene €12, Kinder (4-17 Jahre) €9, freier Eintritt bis 4 Jahre.

Das Restaurant The Bishop befindet sich in einem schönen,110 Jahre alten Gebäude. Das bekannte Nachbarschaftsrestaurant mit Leidenschaft für internationale Küche präsentiert sich extravagant und selbstbewusst. Mit Stolz serviert Ihnen das Bishop gewagte, pure Gerichte mit Ecken und Kanten: klassisch mit dem gewissen Extra.

Restaurant The Bishop | Middelweg 7-9, 2312 KE Leiden | +31 71 763 03 70
info@thebishop.nl | **www.thebishop.nl**

/restaurantthebishop @restaurantthebishop

Morspoort und Zijlpoort

Das Stadttor Morspoort ist der westliche Eingang zum Zentrum der Leidner Altstadt. Von den ehemals acht Stadttoren der Stadt stehen heute nur noch zwei: das Morspoort und das Zijlpoort. Das Morspoort diente lange Zeit auch als Gefängnis. Der Name Mors kommt von Morisch. So heißt die westlich von Leiden gelegene Weidelandschaft. Das Zijlpoort ist nach dem Fluss Zijl benannt. Das Morspoort wurde 1669, das Zijlpoort 1667 erbaut. Beide wurden von Willem van der Helm entworfen, ebenso wie drei weitere der ehemals acht Stadttore. Weil das Zijlpoort sowohl eine Verbindung zur Stadtmauer als auch zu einer Brücke bildet, hat das Gebäude die Form eines Parallelogramms. Zu Beginn des 18. Jahrhunderts befand sich im Zijlpoort die Niederlassung einer Reederei. Ab 1736 diente es als Schule für Kinder aus armen Familien. Heute ist es ein Café-Restaurant. **Adresse**: Morsstraat, Zijlpoort.

De la Soul

Genau gegenüber vom Moorspoort gibt es einen Ort, der Sie in die Südstaaten der USA versetzt. Der Name sagt es schon: Bei De la Soul bekommen Sie „High Wine", High Tea am Nachmittag, Snacks, Mittag- oder Abendessen. Dabei schwelgen Sie in Soulmusik, wie Sie nur im tiefen Süden gespielt wird. Statt großer Gerichte stehen kleinere Portionen auf der Speisekarte, die sich perfekt zum Teilen und Zusammenstellen eignen.

DE LA SOUL FOOD DRINKS MUSIC

Öffnungszeiten:
Di-So 12:00-00:00 Uhr.

Morsstraat 60
www.delasoul.leiden.nl

Folgen Sie uns auf:
www.facebook.com/
DeLaSoulLeiden

Rembrandt van Rijn

Rembrandt Harmenszoon van Rijn (15. Juli 1606, Leiden – 4. Oktober 1669, Amsterdam), ist besser unter seinem Vornamen „Rembrandt" bekannt. Er gilt allgemein als einer der großartigsten Maler und Grafiker des 17. Jahrhunderts. Er stellte rund 300 Gemälde, 300 Stiche und 2.000 Zeichnungen fertig.
Rembrandt wurde in Leiden geboren. Er stammte aus einer recht wohlhabenden Familie. Sein Vater war Müller und seine Mutter die Tochter eines Bäckers. Nachdem er die Lateinschule abgeschlossen hatte, schrieben ihn seine Eltern an der Universität Leiden ein, auch wenn er einem Zeitgenossen zufolge schon damals eher eine Vorliebe für die Malerei zeigte. Von 1620 bis 1624 oder 1625 erhielt er eine künstlerische Ausbildung von zwei verschiedenen Lehrmeistern. Beim ersten handelte es sich um den Maler Jacob van Swanenburgh (1571–1638). Hier lernte er grundlegende künstlerische Fertigkeiten. Rembrandts zweiter Lehrer war der bekannte Amsterdamer Historienmaler Pieter Lastman (1583–1633), der Rembrandt dabei half, das Genre zu beherrschen und Figuren aus biblischen, historischen und allegorischen Szenen in komplexen Darstellungen zu arrangieren.
Rembrandt entwickelte sich zu einem berühmten Barockmaler und -grafiker. Er ist bis heute eines der größten Erzähltalente der Kunstgeschichte, denn er besaß eine einzigartige Gabe, Menschen in verschiedenen Stimmungen und dramatischen Situationen darzustellen. Außerdem kennt man Rembrandt als Maler von Licht und Schatten und als einen Künstler, der kompromisslosen Realismus so deutlich bevorzugte, dass manch ein Kritiker behauptete, Rembrandt wäre Hässlichkeit lieber als Schönheit. Um 1632 zog er nach Amsterdam und entwickelte sich schnell zum führenden Künstler der Stadt.
Er erhielt zahlreiche Aufträge für Portraits. Im Laufe seines Lebens hat Rembrandt viele Selbstportraits gemalt, gezeichnet und radiert. Die Veränderungen in seinem Ausdruck laden uns dazu ein, die Abbildungen miteinander zu vergleichen und auf seine emotionale Verfassung zu schließen. Die Art und Weise, wie der Künstler dem Betrachter direkt entgegentritt, bestärkt diese biografische Lesart. Ab den 1640er Jahren konzentrierte sich Rembrandt stärker auf religiöse Themen und Landschaften. Sein Stil wurde weniger flamboyant und mehr nach Innen gekehrt. Seine späten Werke zeichnen sich durch eine außerordentliche Tiefe und Vielfalt der Emotionen aus. Dies wird durch eine vollständige, ausdrucksstarke Beherrschung der Technik ergänzt. Seine bekanntesten Bilder sind *Die Vorsteher der Tuchmacherzunft (De Staalmeesters), Die Anatomie des Dr. Tulp (De Anatomieles van Dr. Tulp), Die Judenbraut (Het Joodse Bruidje), Die Verschwörung des Julius Civilis (De Eed van Julius Civilis)* und *natürlich die Nachtwache (De Nachtwacht).*
Rembrandt war nicht nur ein außergewöhnlicher Maler, sondern auch ein hervorragender Zeichner und sehr begabt in der Herstellung von Radierungen. In allen Medien experimentierte er immer wieder mit neuen Techniken, visuellen Effekten und neuen Herangehensweisen an traditionelle Themen. Darüber hi-

naus hatte Rembrandt einen tiefgreifenden Einfluss als Lehrer, denn in seinem Atelier unterrichtete er dutzende Künstler, darunter Ferdinand Bol (1616-1680), Gerrit Dou (1613-1675), Arent de Gelder (1645-1727) und Nicolaas Maes (1634-1693).

Die Pilgerväter

Die Pilgerväter waren Protestanten aus England, die vor dem repressiven Regime von König Jakob I. und der vorherrschenden anglikanischen Kirche aus ihrer Heimat flohen. Zunächst reisten sie, angeführt von John Robinson (Pfarrer der Pilgerväter), nach Amsterdam. Dort kam es zu theologischen Uneinigkeiten mit den dort ansässigen niederländischen Protestanten. Der Universität und einigen Calvinisten, die bereits in Leiden wohnten, war es zu verdanken, dass sie dort auf eine liberalere Atmosphäre trafen.
Zwischen 1609 und 1620 lebten und arbeiteten die Pilger in Leiden. Nach beinahe einem Jahrzehnt fällten sie dann den Entschluss, Holland zu verlassen. Gründe waren finanzielle Not und die Angst davor, dass sich die kleine Gruppe in die niederländische Kultur und Religion integrieren würde. Die Pilgerväter sahen sich außerdem als Missionare, die eine reinere, pure Version des Evangeliums verkünden wollten. Daher nannten sie sich selbst auch Puritaner.
So zogen die Pilgerväter Anfang der 1620er Jahre weiter nach Nordamerika. Sie spielten eine wichtige Rolle für die Geschichte der USA und sie prägten die kulturelle Identität des Landes. Einige ihrer Ideen lassen sich direkt auf ihren Aufenthalt in den Niederlanden zurückführen, ein Teil davon auch spezifischer auf das mittelalterliche Leiden.

Die Befreiung von Leiden

Während des 80-jährigen Krieges führte Wilhelm von Oranien den Aufstand der Niederländer gegen den spanischen König Philipp II. an. Von 1573 bis 1574 belagerte der spanische Herzog von Alba die Stadt Leiden. In der Nacht vom 2. auf den 3. Oktober 1574 wurde das Gebiet rund um die Stadt geflutet, so dass die Spanier ihr Lager aufgeben mussten. Laut Überlieferung fand der Waisenjunge Cornelis Joppenszoon einen Kessel mit Eintopf in dem verlassenen Lager und berichtete dann allen Bewohnern von Leiden, dass die Stadt befreit war. Am nächsten Morgen segelten die Freiheitskämpfer mit Weißbrot und Hering an Bord in die Stadt. Leiden war wieder frei. Nach dem Tag der Befreiung besuchte Wilhelm von Oranien die Stadt. Als Belohnung stiftete er am 8. Februar 1575 die erste Universität der Niederlande. Die Befreiung von Leiden (Ontzet van Leiden) wird in Leiden noch immer jedes Jahr gefeiert – mit Eintopf, Weißbrot und Hering.

Die Oude Rijn (Alte Rhein)

Ausgehen in Leiden

Leiden ist eine Studentenstadt. Das bedeutet, dass es hier jede Menge Gelegenheiten zum Ausgehen Trinken oder Tanzen gibt.
Stellen Sie sich die Mischung aus den vielen Studenten und der lebensbejahenden, offenherzigen Lebensart der Leidener vor der wunderschönen Kulisse der Stadt vor, und es dürfte Sie kaum wundern, warum durchfeierte Nächte hier besonders lang werden können. Auch wenn es in Leiden kaum echte Diskotheken gibt, ist die Kneipendichte umso größer. Wie wäre es zum Beispiel mit einem herrlichen belgischen Bier im Café Olivier?

Das Wochenende beginnt, wie in vielen anderen Studentenstädten auch, am Donnerstagabend und hier wird bis in die Morgenstunden gefeiert. Achten Sie übrigens darauf, dass Sie sich vor 2 Uhr irgendwo drinnen aufhalten, denn später lassen viele Einrichtungen niemanden mehr ein.
Bekannte Ausgehviertel in Leiden sind die Umgebung des Nieuwe Rijn, das Gebiet rund um die Hooglandse Kerk und der Beestenmarkt. Aber auch in den Seitenstraßen gibt es jede Menge nette Cafés.

Wenn Sie Kabarett mögen, sind Sie in Leiden ebenfalls genau richtig. Das Theater Leidse Schouwburg ist das älteste der Niederlande (errichtet 1705) und strahlt eine einzigartige Atmosphäre aus. Es bietet ein abwechslungsreiches Programm mit Theaterstücken, Tanz, Musical, Kabarett und Theaterkonzerten.
Der 1890 erbaute Stadsgehoorzaal gehört zu den schönsten Konzertsälen des Landes und wird für seine ausgezeichnete Akustik gelobt. Hier treten verschiedene Künstler und Ensembles auf.

Filmliebhaber werden sich im Trianon, im Lido und im Kijkhuis wohlfühlen. Jedes Jahr im Oktober findet in Leiden das internationale Fotofestival statt. Im November ist dann das Leiden International Film Festival an der Reihe. Im Februar wird das Leidse Cabaret Festival veranstaltet. Hier wurde schon so manches junge Talent entdeckt, das nicht viel später seinen landesweiten Durchbruch feiern konnte.

→ Café Einstein
Tagsüber ist dieses Boot ein Café mit sonniger Terrasse, abends verwandelt es sich in eine lebendige Kneipe. Hier bekommen Sie auch Mittagstisch und Abendessen. **Adresse**: Spoorsingel 24, www.einsteindelft.nl.

→ De Uyl van Hoogland
Neben der Hooglandse Kerk liegt De Uil (die Eule). Die Bar ist mit alten Klosterdielen eingerichtet und der urige Innenraum ist mit zahlreichen Eulen verschönert – wie sollte es auch anders sein! Adresse: Nieuwstraat 28.

→ Café Olivier
Die gesellige, belgische Bierkneipe befindet sich in einem ehemaligen Krankenhaus an der Hooigracht. Hier werden Ihnen superleckere Speisen serviert. Darüber hinaus organisiert das Café Olivier regelmäßig einen Pubquiz, Tanzabende und Liveauftritte. **Adresse**: Hooigracht 23, leiden.cafe-olivier.be.

→ Fandango
In der Cocktailbar von Leiden ist immer etwas los. Sie bestellen und im Handumdrehen stehen Cosmopolitans, Black Russians, Mojitos, Sex on the Beach oder ein anderer Lieblingscocktail vor Ihnen. **Adresse**: Noordeinde 49, www.fandango.nl.

→ North End
Hier erwarten Sie ein Dutzend Biere vom Fass und über 200 verschiedene Whiskysorten in typisch englischer Atmosphäre. **Adresse**: Noordeinde 55.

→ Barrera
Das Barrera ist das bekannteste Studentencafé der Stadt. Hier treffen sich aber nicht nur Studenten, sondern auch viele Leidener und Ausflügler zum Essen und Trinken. Im Sommer können Sie sich auf der kleinen aber angenehmen Terrasse sonnen. **Adresse**: Rapenburg 56, www.cafebarrera.nl

→ Luxor
Seit über hundert Jahren sorgt das Luxor für gute Stimmung in der Stadt – zunächst nur als Café, später dann auch mit Theater und Filmen. Seit 2009 bietet das Luxor auch ein Casual Dining Konzept an. **Adresse**: Stationsweg 19, www.luxorleiden.nl.

Lot en de Walvis ("Lot und der Wal") gehört zu den nettesten Lokalen in Leiden. Lot ist mit ihrem Kleinbus, den sie "Wal" getauft hat, um die ganze Welt gereist. Sie hat an vielen verschiedenen Orten Anregungen für ihr Restaurant gesammelt. Sie liebt Essen und Trinken für Gourmets und serviert ihren Kunden von morgens bis abends eine köstliche Mischung aus beidem. Wo sonst können Sie den ganzen Tag über Desserts bestellen?

Enjoy and feel free! X

Lot en de Walvis | Haven 1, 2312 MG Leiden | +31 71 763 03 83
hallo@lotendewalvis.nl | **www.lotendewalvis.nl**

/lotendewalvis   @lotendewalvis

Draußen sitzen

→ City Hall

Hinter dem Rathaus an der Breestraat liegt ein weitläufiger Platz, von dem das City Hall gerne Gebrauch macht. Außerdem können Sie hier bis spät in die Nacht hinein tanzen. **Adresse**: Stadhuisplein 3, www.restaurantcityhall.nl

→ Boote mit Terrasse

Am Ufer des Nieuwe Rijn liegen mehrere Boote, die als Café mit Terrasse dienen. Hier können Sie stundenlang in der Sonne sitzen und dabei die vorbeiziehenden Boote und Passanten beobachten. **Adresse**: Nieuwe Rijn

→ Brasserie De Poort

Ein herrliches Lokal für Ihre Mittagspause, ein Abendessen oder einen Umtrunk. Während Sie bei einem netten Gläschen in der Sonne sitzen, fahren die Boote vor der beeindruckenden Kulisse des Stadttores an Ihnen vorbei. **Adresse**: Haven 100, www.poort.nl

→ Annie's Verjaardag

Dort, wo die Flussläufe des Nieuwe und des Oude Rijn aufeinander treffen, erwartet Sie die Terrasse von Annie's Verjaardag, und zwar mitten auf dem Wasser. Im Sommer gehen Ihnen hier die Augen über, denn es treiben hunderte Boote und Barken an Ihnen vorbei. **Adresse**: Hoogstraat 1a, www.annies.nu

Theater und Musik

→ Stadspodia Leiden

Die Leidse Schouwburg bildet zusammen mit dem Stadsgehoorzaal Leiden und dem Aalmarktzaal Leiden die Bühnengemeinschaft Stadspodia Leiden. Dieses kulturelle Konglomerat versorgt die Leidener mit Musik- und Theatervorstellungen und anderen künstlerischen Angeboten. Zum breit gefächerten Kulturprogramm der Leidse Schouwburg gehören unter anderem Lesungen, klassische Musik und Schauspiel. **Adresse**: Stadsschouwburg: Oude Veste 43, Stadsgehoorzaal Leiden: Breestraat 60, Aalmarktzaal Leiden: Breestraat 60. www.stadspodia.nl

→ Gebr. de Nobel

Dieser Poptempel hat sich auf dem Gelände einer ehemaligen Fabrik niedergelassen. Hier ist genug Platz für an die 1.000 Musikfans. In den beiden Sälen können Sie neben Livemusik und Konzerten auch Tanzevents erleben. **Adresse**: Marktsteeg 8, www.gebrdenobel.nl.

→ Scheltema Leiden
Scheltema war früher eine Textilfabrik im Zentrum von Leiden und ist heute ein ganz besonderer Ort für Kulturveranstaltungen. **Adresse**: Marktsteeg 1, www.scheltemaleiden.nl.

Kinos

→ Trianon
Das Trianon Theater ist das älteste Kino von Leiden. Der Kinosaal an der Breestraat öffnete am 19. August 1927 zum ersten Mal seine Türen für das Publikum. Im Gegensatz zur Konkurrenz ist das Kino danach nie komplett umgebaut worden. **Adresse**: Breestraat 31, www.bioscopenleiden.nl/Trianon

→ Kijkhuis
Im Kijkhuis werden jeden Tag die besten Filme gezeigt. Das Programm reicht von den Gewinnern der Goldenen Palme bis hin zu Weltkino. Daneben betreibt das Filmtheater ein geräumiges Filmcafé, wo Sie sich ausführlich vorbereiten und/oder nachbesprechen können. **Adresse**: Vrouwenkerksteeg 10, www.bioscopenleiden.nl/Kijkhuis

→ Lido
Das Lido ist ein modernes Kino. Das Filmtheater hat fünf Säle, in denen vor allem Hollywoodfilme und andere Kassenschlager gezeigt werden. **Adresse**: Steenstraat 39, www.bioscopenleiden.nl/lido

Clubs

→ NEXT
Hier können Sie Ihr Tanzbein schwingen! In dieser Studentendiskothek tanzen Sie bis in die frühen Morgenstunden. **Adresse**: Langebrug 6, www.nextleiden.nl

→ HiFi
Das HiFi ist die Nummer eins unter den Leidener Studentendiskotheken. Jeden Dienstag und Donnerstag organisiert das HiFi einen Studentenabend. Und einmal im Monat gibt es sowieso kein Halten mehr im HiFi, denn dann heißt es bei den Themenabenden: „HiFi packt aus". Das Alter des Publikums im HiFi liegt zwischen 18 und 26 Jahren. **Adresse**: Vrouwensteeg 14, www.hifibar.nl

→ Ratjetoe

Vintage-Damenmode, Taschen, Schuhe und Wohnaccessoires lassen Ihr Herz höher schlagen? Bei Ratjetoe finden Sie besondere Dinge für jeden Geldbeutel und es steht eine herrlich warme Tasse Tee oder Kaffee für Sie bereit.
Adresse: Hogewoerd 65.

→ Via Mio

Via Mio ist ein toller Laden voller eleganter Mode. Hier haben Sie verschiedenste Oberhemden und Shirts der gehobeneren Kategorie zur Auswahl. Zu den häufig verkauften Marken gehören Pall Mall, Ralph Lauren, Tommy Hilfiger, Martinique und Lacoste.
Adresse: Haarlemmerstraat 69-71

→ 't Oorzaakje

In diesem trendigen Schmuckgeschäft können Sie schon für ein paar Euro fündig werden. Zur Kollektion gehören auch die etwas bekannteren Marken.
Adresse: Haarlemmerstraat 73-A,

→ Appel & Ei

In einer der vielen Seitengassen von Leiden finden Sie diesen Second-Hand-Laden. Hier gibt es jede Menge gebrauchte Markenkleidung für Damen und Kinder.
Address: Pieterskerkchoorsteeg 30, www.appelenei.nl

→ Jut en Juul

Bei Jut en Juul dreht sich alles um Lifestyle für Kinder. Der Baby- und Kinderladen hat alles – von der Kinderzimmereinrichtung bis hin zu allerlei Geburtsgeschenken. **Address**: Lange Mare 108, www.jutenjuul.nl

→ BABOOKA bookstore

Dieser Buchladen steckt voller Entdeckungen: Schöne Sonderausgaben voller wunderbarer Abbildungen. Bücher, die niemals langweilig werden. Bücher, die bleiben und niemals veralten. Bücher, die Ihre persönlichen Interessen und Lieblingsthemen treffen.
Address: Gangetje 5, www.babooka.nl

→ Cotta di Mare

Die wunderschönen, authentischen Töpferwaren bei Cotta di Mare stammen alle aus Mittelmeerländern und Osteuropa. Sie werden allesamt in kleinen Handwerksateliers hergestellt und Stück für Stück von der Ladenbesitzerin ausgesucht. **Address**: Diefsteeg 11, www.cottadimare.nl

→ Rinda Refuge

Rinda ist eine wahre Schatztruhe für Frauen, die auf der Suche nach Schals und Schmuck sind. Die Stücke aus der Kollektion werden aus der ganzen Welt importiert. Dazu finden Sie hier die unterschiedlichsten Schmuckstücke von den tollsten Marken sowie Perlen und Halbedelsteine. **Adresse** Hogewoerd 12, www.koopeensjaal.nl

→ De Wereldwinkel

Im Wereldwinkel Leiden sind Sie an der richtigen Adresse für besondere Dekoartikel rund um Haus und Garten. Außerdem hat der Wereldwinkel eine große Auswahl an tollen Accessoires: Schals, Taschen und Schmuck nach den neusten Trends.
Adresse: Brugsteeg 12, www.wereldwinkel-leiden.nl

Der Keukenhof

Der Keukenhof

Die Niederlande sind berühmt für ihre Tulpen und es gibt keinen besseren Ort, diese zu bewundern, als die Blumengärten des Keukenhof in Lisse! Das Wort „Keukenhof" bedeutet wörtlich übersetzt „Küchengarten". Der Park liegt in der Landschaft „Duin en Bollenstreek" (Dünen- und Blumenzwiebelland), nur 20 Kilometer von Leiden entfernt. Der Keukenhof erstreckt sich über eine Fläche von 32 Hektar und ist voll mit den verschiedensten Blumensorten. Am Ende des Parks befindet sich eine große Windmühle. Darüber hinaus finden Sie hier zahlreiche Treibhäuser. Tulpen sind nicht die einzigen Frühlingsblumen, die Sie im Keukenhof bewundern können. Auch Narzissen, Hyazinthen und Kaiserkronen wachsen überall. Ihren Hunger können Sie in einem der Cafés oder Snackbars stillen. Dort können Sie von der Terrasse aus die herrlichen Blumen betrachten, die rundherum blühen. Der Keukenhof empfängt seine Besucher jedes Jahr vom Beginn es Frühlings an (etwa Mitte März) bis Mitte Mai. Die Tulpenzeit im Park bricht normalerweise Mitte April an. Der Keukenhof, der zu den beliebtesten Fotomotiven des Landes zählt, ist von 8:00 bis 19:30 Uhr geöffnet.

Die Geschichte des Keukenhof

Die Tulpengärten am Keukenhof wurden 1949 von W J H Lambooy, damals Bürgermeister des Dorfes Lisse, gegründet. Wie einige andere lokale Entscheidungsträger war auch er der Überzeugung, dass eine jährliche Blumenausstellung im Freien den ortsansässigen Blumenzwiebelzüchtern eine gute Gelegenheit bieten würde, ihre Ware auszustellen und zum Verkauf anzubieten.
Im 15. Jahrhundert, noch vor der großen Tulpenmanie, war das Gebiet des heutigen Keukenhof unberührte Natur. Es gehörte zu weitläufigen Ländereien, auf denen Kleinwild gejagt wurde. Auch wurden hier Nahrungsmittel sowie Küchenkräuter für die Bewohner des Schlosses Teylingen angebaut.
Im Laufe der Jahrhunderte waren die Gartenanlagen im Besitz vieler verschiedener reicher Adeliger. Dabei teilten die aufeinander folgenden Eigentümer die Fläche des Landgutes immer weiter auf und veränderten dessen Gestalt.
1641 ließ der erfolgreiche Geschäftsmann und ehemalige Kapitän der Ostindienkompanie Adriaen Maertensz das Gebäude errichten, das heute als Schloss Keukenhof bekannt ist. Dort verbrachte er einen Teil seines Ruhestandes. Erst im Jahre 1857 bekam der Keukenhof langsam seine heutige Gestalt. Die durch

Einleitung

Vor Ihnen liegt der Reiseführer "Your The Hague Guide", der Sie durch Den Haag, Scheveningen, Delft, Leiden und den Keukenhof begleitet. Nach "Your Amsterdam Guide" ist "Your The Hague Guide" der zweite Reiseführer für Ziele in den Niederlanden. "Your The Hague Guide" ist in enger Zusammenarbeit mit Einheimischen entstanden, damit Ihnen die besten und schönsten Orte nicht entgehen.

Alle drei Städte haben eine reiche Geschichte. Wussten Sie zum Beispiel, dass der bekannte Maler Rembrandt im 17. Jahrhundert in Leiden geboren wurde? Dass der Maler Jan Vermeer aus Delft stammte? Oder dass Den Haag die politische Hauptstadt der Niederlande ist?

Ich wünsche Ihnen eine großartige Zeit in Den Haag, Delft und Leiden und freue mich, dass ich Ihr persönlicher Begleiter durch diese Städte sein darf!

Mit herzlichen Grüßen

Leo Wellens
WPublishing

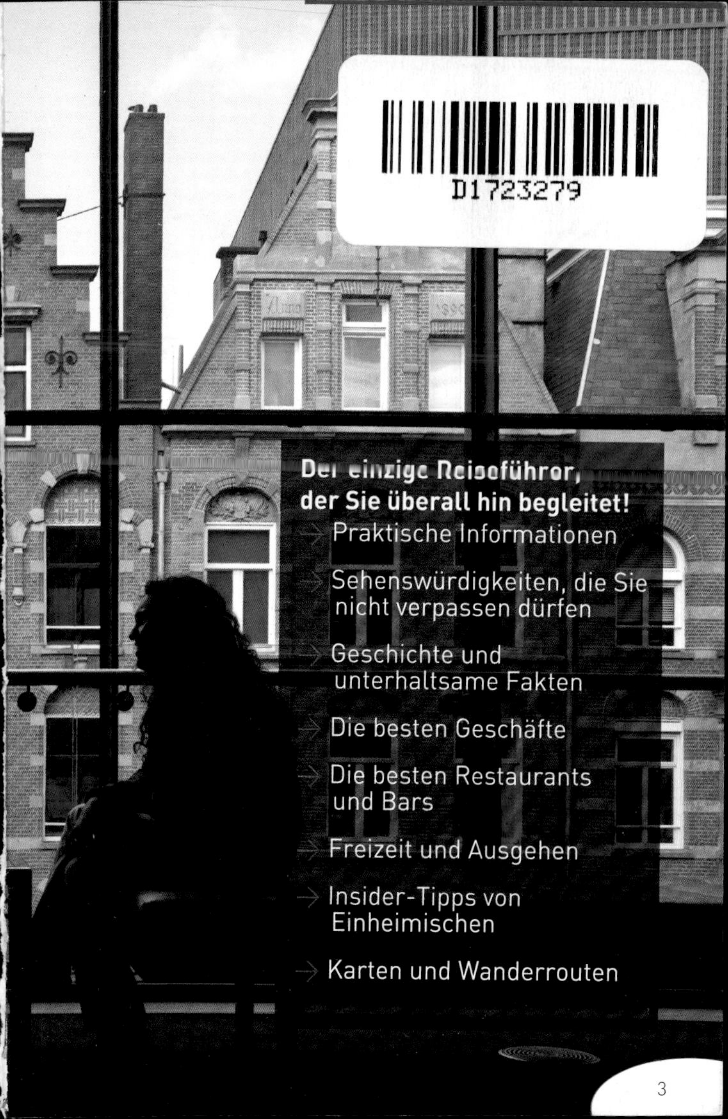

**Der einzige Reiseführer,
der Sie überall hin begleitet!**

→ Praktische Informationen

→ Sehenswürdigkeiten, die Sie nicht verpassen dürfen

→ Geschichte und unterhaltsame Fakten

→ Die besten Geschäfte

→ Die besten Restaurants und Bars

→ Freizeit und Ausgehen

→ Insider-Tipps von Einheimischen

→ Karten und Wanderrouten